日本企業のケースから
ポイントを学ぶ
OKR導入・運用メソッド

プロノイア・グループ［監修］
ピョートル・フェリクス・
グジバチ［著］

成長企業はなぜ、

BJECTIVE EY ESULTS を

使うのか？

ソシム

はじめに――なぜいま、OKRが注目されるのか

▼OKRはIT企業向けの人材マネジメント手法ではない

ここ最近、日本企業の間でも「OKR」の注目度が上がり、導入した企業の話もよく聞くようになりました。

そもそもOKRは「Objective and Key Results」の略で、企業や組織における人材マネジメントの手法です。米国のIT企業、インテルで生み出され、その後、グーグルやフェイスブックが採用し、大きな成果を上げたことで有名になりました。

OKRと、3つのアルファベットが並びますが、その要素は「Objective」と「Key Results」の2つ。企業全体、企業の部門、個人といった企業の階層ごとに「目標＝O」を設定し、さらにその目標を実現できたことを示す、より具体的な「成果＝KR」を複数（通常、2つから3つほど）決めます。これが、OKRの基本的な考え方です。

グーグルの人事責任者であったとき、そしてプロノイア・グループの代表である現在も、OKRの導入・運用に携わっていた一人として、現在、日本でOKRに注目が集まっていることを大変うれしく思います。OKRはきちんと運用すれば、社員の意識を変え、組織をドライブさせる上で有用なツールだからです。

一方で、新しいから、カッコイイからという理由でOKRを導入する、という「OKRのバズワード化」も起こっている気がします。これは「グーグルが使っている」「日本でもメルカリが採用した」など、いわば〝イケてる企業の手法〟というイメージが先行しているからかもしれません。OKRの本質をよく知らずに、導入すれば成長企業の仲間入りができると考えるわけです。

しかし、OKRの導入・運用はそれほど楽ではありません。ある意味、企業における人材マネジメントの考え方を変えることを求められるからです。

▼「日本」と「グローバル」の境界から提供できる価値

僕は2000年に千葉大学の研究員として来日。日本文化の幅広さと奥深さ、インフラが整っていて安全で暮らしやすい環境などに惹かれて、日本で就職しました。ベルリッツ、モルガン・スタンレー、グーグルなどのグローバル企業の日本法人で働いた後、15年には自らの会社、プロノイア・グループを立ち上げました。

日本で起業したのは、僕自身がこれらの組織で人材育成、組織開発に長く関わってきた経験が、日本の組織に、ひいては日本人に役に立つのではないか、と考えたからです。この国で多くの人に出会い、たくさんのチャンスを貰って成長するなかで得られた何かを、少しでも日本にフィードバックしたかったのです。

出身こそ欧州のポーランドですが、ビジネスマンとしての経験はずっと日本。だから、日本企業の魅力や長所は理解していると思います（実際、母国であるポーランド語よりも日本語や英語のほうが得意です）。

一方で、これまでキャリアを積んできたのはいずれもグローバル企業だったこともあり、日本の組織特有の課題にも気付きました。特に、日本企業における人材マネジメントの手法には長年、疑念をいだいてきました。

▼そもそも、企業における人材マネジメントの仕事とは？

朝、8時50分に大手町の街角に立ってみたことはあるでしょうか。おそらく、9時の始業時間前に席に着くために、大急ぎでオフィスに向かって走っていくサラリーマンにたくさん出会うはずです。そうした光景を見るたびに、「あんなに慌てて事故にあったり、トラブルになったりしないのかな」と心配してしまいます。

単純に、フレックスタイムや時差通勤を導入すればいい、という話ではありません。この現象の根底には、日本企業における人材マネジメントの問題があるからです。

本来、仕事はその成果によって評価されるべきです。すなわち、個々人の仕事に応じて、目標を設定し、その成果を定量的に評価するわけです。しかし多くの日本企業では、それができていません。そのため、朝9時に机に着いていることを見張るのが、マネージャーの仕事になっているのです。

誰もが横並びで、目の前のルーティンワークだけ片付ければいいのであれば、画一的に時間で管理するのも有効かもしれません。しかし今や、それで生き残れる企業はほとんどありません。

ルーティーンワークだけ回せば稼げる時代は終わった結果、日本企業は、過去の成功体験に縛られることなく、これまでと違うこと、誰もやっていないことにチャレンジしなくてはならなくなっています。そのためには、「時間ではなく成果で人を管理する」「組織の命令一本槍でなく、個人のアイディアや独自性を尊重する」など、人材マネジメントのやり方自体を変えなくてはなりません。それが今、多くの日本企業が抱える課題だと思います。

そして、その課題を解決する上で有効なのが、ＯＫＲなのです。

▼「とうてい達成できない目標」が重要になるＯＫＲ

実はＯＫＲ、成果で人を管理するという側面よりも、働く人たちのモチベーションを高め、パフォーマンスを改善する側面が強い人材マネジメント手法です。

人材マネジメント手法という言葉を使うと、ついチームのメンバーをある種の枠にはめるという方向に考えがちです。しかしＯＫＲは、ある意味、そうした枠を取り払います。つまり、もっとノビノビと働ける環境を作ることで成果につなげるのです。

そのため、ＯＫＲを導入した企業では、通常、メンバーがおいそれとは実現できないような高いレベルの目標を設定します。こうした目標は、月に到達するくらいに遠大な目標ということから、「ムーンショット」とも呼ばれます。「実現できないものを目標にしても仕方ないじゃないか」と考える人もいるかもしれません。しかしこれは、働く人たちのマインドセットを変えるためです。組織として、あるいは個人としてこうなりたいという「夢」を思い描くことで、モチベーションが高まり、パフォーマンスが向上するのです。

ただし、夢を夢で終えているだけでは意味がありません。「達成できそうにない目標に向けて頑張った結果、これまで以上に成果が出た」と感じられるようにすることも重要になります。ＯＫＲの設定では、そのあたりのバランスを考慮する必要があります。もしも毎回１００％を達成できるのであれば、それは設定した目標のレベルが低過ぎます。６割から７割程度達成できる目標を設定するなど、再度検討する必要があるでしょう。

またＯＫＲは、人事評価と連動させなくても問題ありません。グーグルでは連動させて使っていましたが、連動させずに使っている企業もたくさんあります。無理に人事評価と結び付けなくても、きちんと運用できれば成果が出るはずです。

そもそも、ほぼ達成不可能な目標を掲げ、到達できるまで鞭打って働かせるのがＯＫＲ導入の目的ではありません。ＯＫＲ導入の目的は、「みんなでこの方向に、力を合わせて走っていこう」と目標を示し、全員の目線を合わせつつ意欲を高めることです。また、つねに高い目標を掲げて努力することで、これまでにない新しいアプローチも生まれます。

▼最初から「完璧」は目指さないことが、成功の秘訣

はるか彼方にある大きな目標を示し、それを実現するための行動を個々人が考え、実践することで、ブレイクスルーを生み出すのが、ＯＫＲを導入する大きな目的です。

逆に言えば、ＯＫＲを有効に機能させるには、「自分の会社が目指す大きな目標」を明確にしなくてはなりません。そこを明確にせずに、「グーグルがやっているから」と、やみくもに導入してもう

まくいかないのです。グーグルにはグーグルのミッションがあり、カラーがあり、取り巻く環境があります。同様に、あなたの会社にも目指すべきミッション、元来持っているカラー、取り巻く環境があるはずです。それらを踏まえて、会社の目標を決めなくてはなりません。

目標が決まったら、どのような方針で運用するかの方針も決める必要があります。人事評価と連動させるか、どのくらいの期間で運用するかなど、組織のビジネスモデルや企業文化、メンバーのスキルや志向性などに応じて、注意深く運用方針を決めなくてはなりません。

実は、こうして周到に準備しても、ＯＫＲを導入当初からうまく運用できる企業は稀です。ＯＫＲの考え方はある意味、非常にシンプルですが、実情に合わせた柔軟な運用と運用方針の修正が求められるからです。

そのため、本書では、実際にＯＫＲを導入・運用している日本企業のケースに基づいて、ＯＫＲに対する正しい理解を深め、きちんと運用するための知識やノウハウを解説しました。章ごとの基本構成は、「ＯＫＲを導入・運用している日本企業のケース」「導入・運用のポイントやつまづきがちな問題」「ＯＫＲ導入・運用における重要な概念の説明（図解解説）」となっています。

事例として紹介する企業は、メルカリのようなＩＴ企業のほか、ドメスティックな製造業である小橋工業、企業業界分析情報サービスなどを提供するユーザベース、そして僕の会社であるプロノイア・グループなど、多種多様です。また概念の説明では、ＯＫＲ導入・運用で使われる手法やツールだけでなく、その前提となる考え方も解説しています。こうした概念を理解することで、本質から外れることなく、ＯＫＲの運用方針をカスタマイズできるようになると考えたからです。

本書が、日本企業がＯＫＲを導入・運用し、よりイノベーディブな企業体質へと変革する上での手掛かりとなることを願っています。

２０１９年６月　ピョートル・フェリクス・グジバチ

本書の読み方

「ケース」の部分

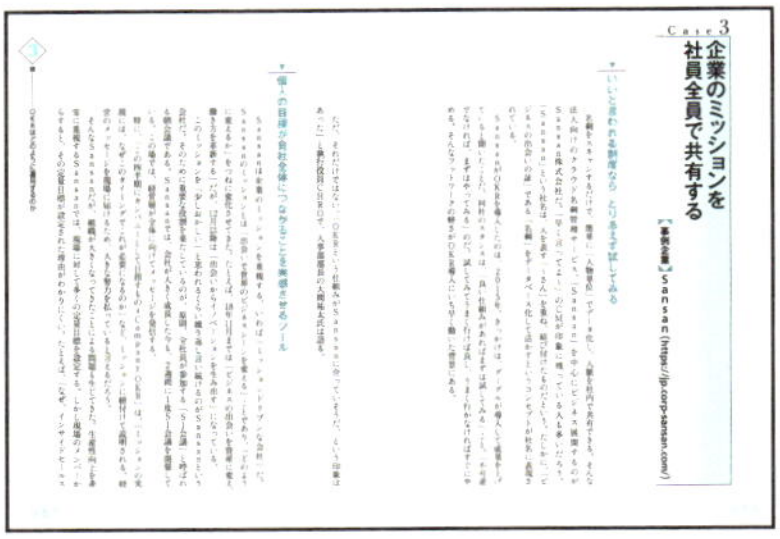

日本企業によるOKRの導入・運用事例をケースとして紹介しています。

「ポイント」の部分

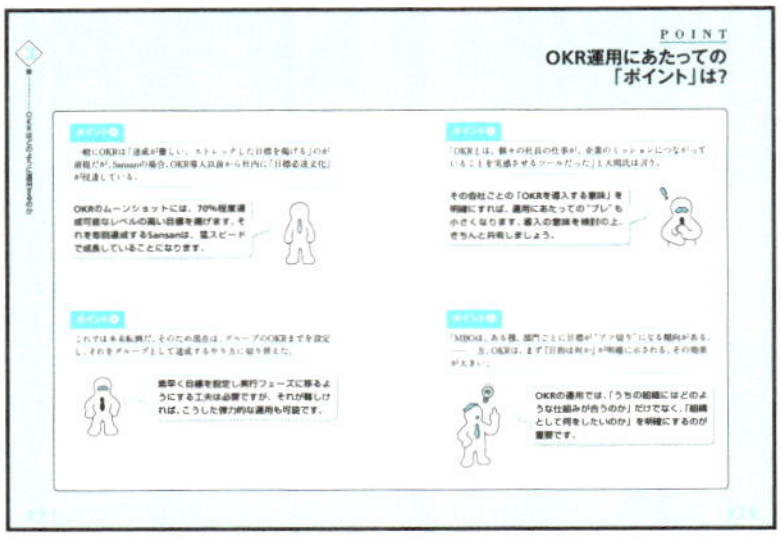

日本企業の導入・運用事例におけるポイントを解説しています。

「ある・ある」の部分

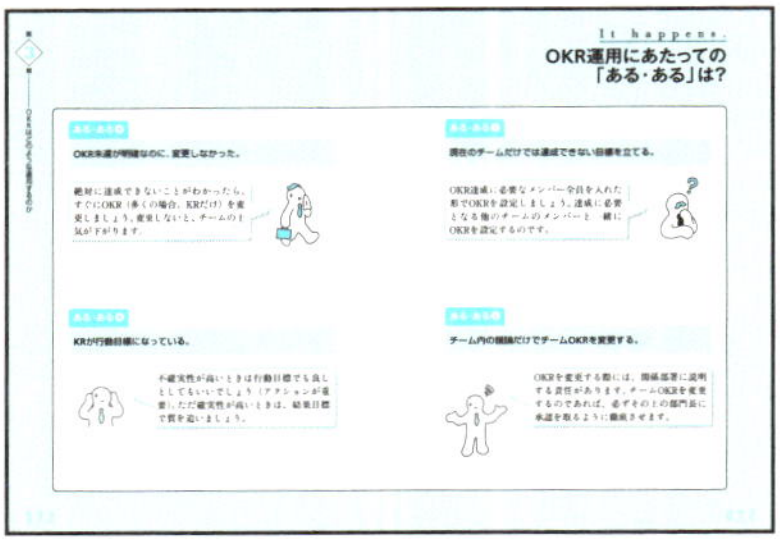

OKRの導入・運用にあたって、ありがちな問題や失敗を紹介しています。

「図解解説」の部分

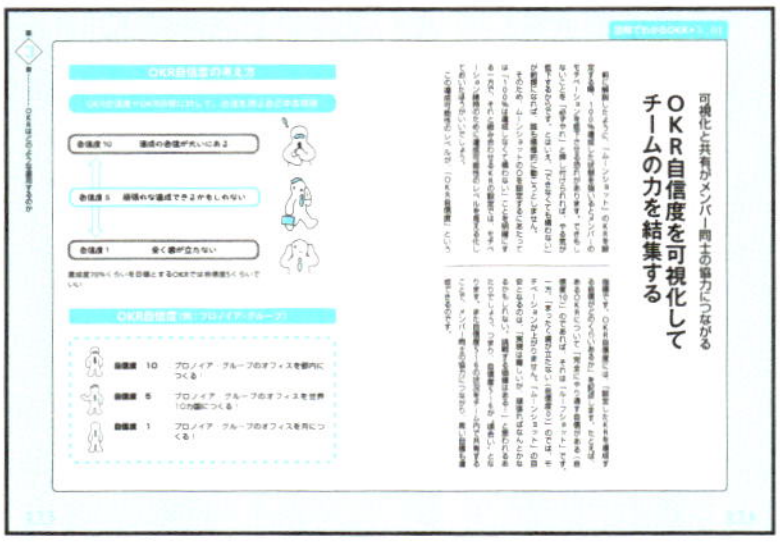

OKRの導入・運用にあたり、理解しておきたい概念を解説しています。

アイコンの意味

経営者のアイコンです。カンパニーOKRを設定します。

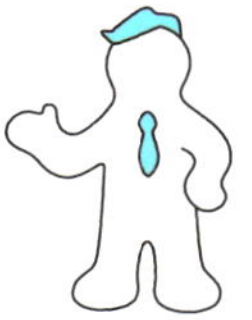

リーダーのアイコンです。チームOKRを設定します。

メンバーのアイコンです。個人のOKRを設定します。

1章

なぜ、OKRを導入するのか

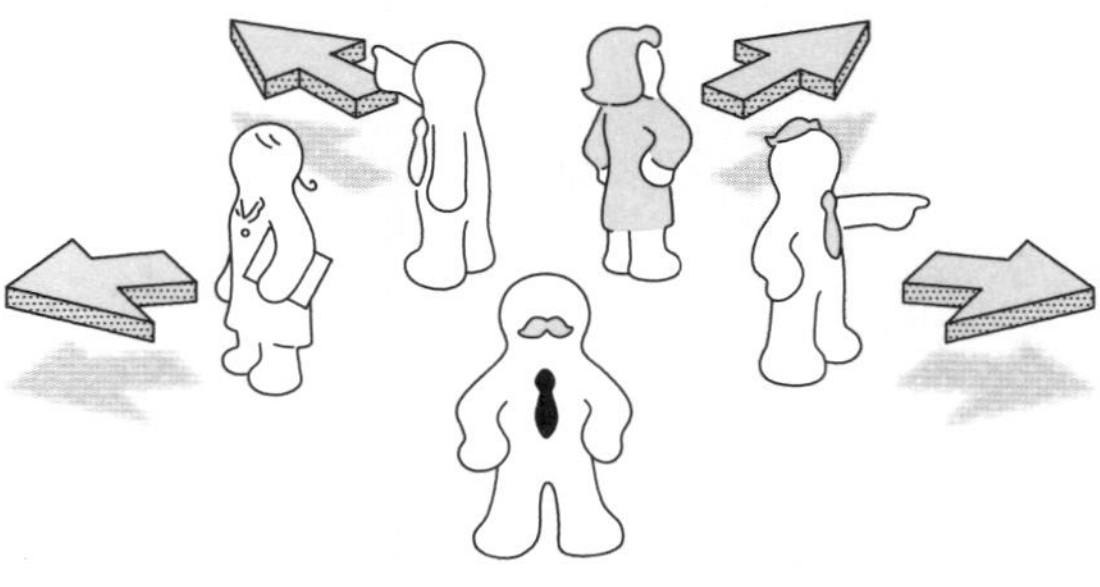

Case 1

「地方の優良老舗企業」がOKR導入を決めた理由

【事例企業】小橋工業（http://kobashiindustries.com/）

明治創業の「爪屋」

岡山県岡山市の郊外。もとはほとんどが遠浅の海で、江戸時代に農地として干拓された岡山市南区の一角に、その会社、小橋工業の本社はある。

創業は1910年（明治43年）。現社長の祖父の祖父である小橋勝平氏が農具の鍛冶屋としてスタートさせ、第二次世界大戦後の1952年（昭和27年）には有限会社小橋農具製作所として法人化。以来、一貫して農機具、特に耕うん機に接続して使われる鋼製の爪を主力に、農業用トラクターに接続して使われるロータリー、代かき機などの各種インプルメントのメーカーとして歩んできた。

資本金は1億円。従業員数は約300名。ニッチかつレガシーな製品を取り扱う中堅メーカーで、典型的な地方のファミリー・ビジネスと言える。日本の農業市場は構造的な衰退傾向にあり、業界全体の売上は20年前と比べほぼ半減している。にもかかわらず、小橋工業は業績をわずかながらもアップさせ、耕うん機の爪に関しては国内トップシェアを握る。

小橋工業が発行している販売促進チラシのタイトルは「爪屋のかわら版」。そこには、創業100年を超えても変わらぬ「爪屋」としての、ものづくりへの誇りが込められている。近年、同社は農業のスマート化を核に、さまざまな企業との提携や、スタートアップ支援などにも積極的で、その姿は池井戸潤氏の人気小説「下町ロケット」の最新章、「ヤタガラス編」に登場する企業のモデルにもなっている。

▼トップメーカーゆえに抱える焦燥

現社長の小橋正次郎氏は、まだ30代。大学卒業後、一時東京でIT企業に勤め、家業を継いで社長に就任したのは2016年10月だ。

継いだ会社は前記のように業績優良、四代目として安心して社長の椅子に座っていればいい——と思う人もいるかもしれない。しかし、正次郎社長は大きな危機感を覚えていた。

現時点では好業績とはいえ、日本の農業自体は衰退を続けている。TPP以前に、農業従事者の人口減や高齢化、農地の荒廃は急激に進行している。日本の農業が持つ構造的な問題もある。農家がどんなに「良い作物」を作っても、規格以外の尺度では評価されず、一律の値段でしか買い上げてもらえない。これでは「工夫して、もっと美味しいものを届けよう」というモチベーションは湧いてこない。新しい試みを導入しようとしても、農政の排他性がそれを拒む。ますます「農業離れ」は進行する一方だ。

いずれ、その影響は必ず「爪屋」たる小橋工業の業績にも表れてくるだろう。しかし、社内を見回すと、「確かにそれは将来の問題としてあるけれど、とりあえず今は利益が出ているのだからいいじゃないか」という雰囲気が根強い。

これは、現社長の父である三代目社長が、強力なリーダーシップで会社を引っ張り、強力な社長の下で細々とした事柄まで自ら決裁するタイプであったことも影響していた。

実際、高度成長期から成熟期に向かい、幾度かの景気の波をくぐり抜ける上では、「社員一丸となって何かに取り組む会社の姿勢」が時代のニーズに合致していたのかもしれない。

しかし、気付けば、会社の中枢に近いほど、上の意見にそのまま従うイエスマンばかり。これからの時代は、既存の事業の枠に捉われない新たな発想、展開も必要になってくる。それには、単純な上意下達の体制では対応できない。また社長一人の能力で会社を引っ張っていくのであれば、「社長の能力の限界」がそのまま「会社の限界」になってしまう。それでは、これからの時代は乗り切っていけないだろう。

もしかしたら、今のまま特に何もしなくても、自分の代くらいは凌げるかもしれない。しかし、それではジリ貧になるのは明らかだ。せっかく、「いい会社」を引き継いだのであれば、できれば、いまより良くして次代につなげていきたい。しかし、このままではそれは叶わない――という、強い焦燥感を新社長は持っていたのだ。

「僕はやらないよ」宣言と、ＯＫＲとの出会い

正次郎社長は、就任して間もなく、部下に対して「僕は（父のようには）やらないよ」と表明した

という。自分一人が物事を決めるのではなく、社内のあちこちから、新しい動きが芽生えるようになってほしい、という思いからだった。

　しかし実際に、正次郎社長のもつ危機感を社内にどう持ち込み、共有させるかは大きな課題だった。そんなとき、たまたまピョートルの著書『0秒リーダーシップ：「これからの世界」で圧倒的な成果を上げる仕事術』（すばる舎）を読み、さっそく、ピョートルにコンタクト。そして、ＯＫＲの存在も知ったのだという。ただし、正次郎社長が「これだ」と思ったのは、決して「ピョートルの元グーグルという肩書」でもなければ、「ＯＫＲがグーグルで導入されてうまく行っている手法であること」でもなかった。そもそも、グーグルでやって成功しているからといって、そのシステムをそのまま模倣しても、絶対に成功しないと考えたという。

　確かに、小橋工業は将来に向けて大きな課題を抱えている。しかし一方で、小橋工業には「コバシイズム＝決して変えてはならない、１００年超の歴史の中で培われてきたＤＮＡ」がある。それはものづくりに対する誠実な姿勢であり、あるいはその姿勢を通じて得たブランドへの信頼かもしれない。新しさを求めるばかりに、そうした部分までないがしろにしたら、会社は「根無し草」になって廃れるだろう。

　正次郎社長自身、「うちはグーグルではないし、グーグルのようになりたいとも思っていない」と語る。必要なのは、「先進企業が採用する人事マネジメントツール」という箔付けではなく、社員自らが大きな目標を掲げ、そこに向かって進んでいくという自発性と自律性だ。

　それが実現できるのであれば、小橋工業にとってＯＫＲはなかなか有益なものになるかもしれない、と正次郎社長は考えた。

▼「次の時代の小橋工業」へ向けての布石

「トップダウンで会社を引っ張っていかない」という正次郎社長だが、なかにはきっぱり変えると宣言したものがある。

それは、「今までこうやってきたから」で延々と顧みられることなく続けられてきた仕事の手順など。例えば、小橋工業では営業活動における受注の多くはファックスで受け付けてきた。しかも習慣的に、ファックスで受けた注文をさらに電話で確認するなどといった手順も踏んでいた。確かに「ファックス登場以前」と比べれば、ファックス注文は画期的だったかもしれない。しかし今はもっと迅速かつ確実な注文もネット経由で可能だ。「良いものを、リーズナブルな価格でユーザーのもとに届ける」というのがメーカーの鉄則であるなら、社内のムダにコストを掛けていいわけがない。

一方で小橋工業は、これまでの枠を越えるような提携、資本参加なども積極的に進めている。

最近の動きから少し拾えば、農地モニタリング・デバイス「ＫＡＫＡＸＩ」の開発・販売を行う、米シリコンバレーに拠点を置く日本のグローバル農業スタートアップ「Ｋａｋａｘｉ Ｉｎｃ．」との資本業務提携（２０１８年５月）、ドローン・スタートアップ特化型ファンド「Ｄｒｏｎｅ Ｆｕｎｄ ２号」への出資者としての参画（２０１８年11月）などがある。これらは農業のＩＴ化、無人化などにつながる技術だが、ほかにも香川大学発のベンチャーで、太陽光パネルの掃除ロボットを開発する未来機械との資本提携など、農業だけに限らない関係拡大を図っている。

これらは、決して投資目的で行っているわけではなく、「これからの社会に有益」であると判断したものに、積極的に関わっていきたい思いがあるからだ。

小橋工業は地方の小さなメーカーだけに、なかなか「外の知識」は入ってこない。時代の変化に対する危機感も薄い。「10年後まではうまく行っても、30年後には行き詰ってしまう」といった変化に対しては、社内的に、どうしても「ピンと来ない」ところはある。しかし、こうした「これまでの小橋工業」の殻を破る新しい動きについて、社内の抵抗は思ったほど大きくなかったという。それは単に、経営者一族への〝忠誠心〟が強かったからとか、社長のかじ取りに黙って従う癖がついていたから、ということだけではない。逆風の中でも右肩上がりを維持し、採用を絶やさなかったため、従業員の平均年齢が30代後半と比較的若いことも変化への抵抗感の低さにつながっているのだろう。社員の待遇に関しても、「『田舎の企業だからこれくらいしかもらえない』ではなくて、売上げや経費がこのように改善されればこれくらい出すことも可能だ」と、待遇の透明性を上げたことも一助になっているかもしれない。

また、「会社の中枢に近いほどイエスマンばかり」としたが、生産の現場では、むしろボトムアップで日常的に業務の改善を図っていく風土もあった。実際、工場では、社員の手によるさまざまなポスター、スローガンが掲げられている。こうした下地があれば、「自分たちが決めて、実行する」という、OKRの理念は、実はすんなりと小橋工業に馴染むのではないかと、正次郎社長は考えている。現在は、「小橋工業ならではのOKRとは」を模索しているところ。自社にあったオーガナイズを慎重に検討しつつ、その導入を進めていきたいという。

POINT

OKR導入を決めるときの「ポイント」は?

ポイント❶

そこには、創業100年を超えても変わらぬ「爪屋」としての、モノづくりへの誇りが込められているように感じられる。

OKRというと、「新しい企業」のための人事マネジメントツールと考えがちですが、必ずしもそんなことはありません。老舗企業にも有効です。

ポイント❷

しかし、社内を見回すと、「確かにそれは将来の問題としてあるけれど、とりあえず今は利益が出ているのだからいいじゃないか」という雰囲気が根強い。

組織を変革しようとするとき、必ず反対する人が現れます。こうしたとき、メンバーの意識を変えるツールとしてもOKRは有効です。

ポイント❸

これからの時代は、既存の事業の枠に捉われない新たな発想、展開も必要になってくる。それには、単純な上意下達の体制では対応できない。

OKRは、ボトムアップ型の組織を作り上げるためのツールです。OKR導入によって、各階層から「自主的な提案や行動」が生まれます。

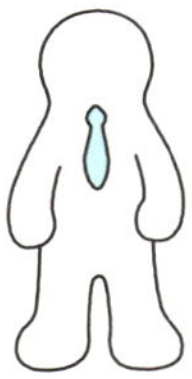

ポイント❹

生産の現場では、むしろボトムアップで業務改善を図る風土もあった。実際、工場には、社員の手によるさまざまなポスター、スローガンが掲げられている。

一般に、「自ら何かを生み出す」「自ら目標を設定する」組織や組織のメンバーであれば、OKRは導入しやすいようです。

It happens.

OKR導入を決めるときの「ある・ある」は?

ある・ある❶

体制が切り替わったタイミングで入れる。

体制が切り替わるタイミングで、OKRを導入する企業は珍しくありません。ただし、「何を変えたいか」を明確にした上で、導入しましょう。

ある・ある❷

「グーグルが使っている」という理由で導入する。

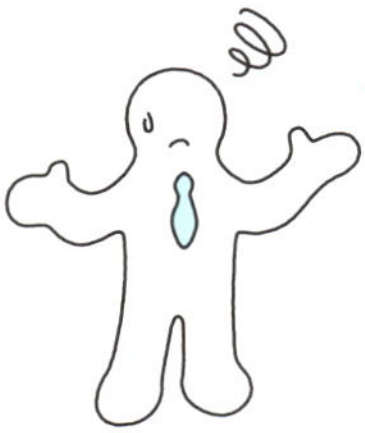

OKRを導入しても、グーグルのようになれるわけではありません。組織の課題を明確化・共有した上で、OKRを課題解決の手段として位置付けましょう。

ある・ある❸

社内の「守旧勢力」がOKR導入に反対する。

これからの時代、トップダウンだけでは限界があることを粘り強く語りましょう。ボトムアップによる「提案や行動」が必要なことを納得してもらうのです。

ある・ある❹

新規事業を模索して、OKRを導入した。

OKRを導入したからと言って、新規事業が増えるわけではありません。逆に、新規事業の立案を会社のOKRに設定して、組織全体で共有する必要があります。

会社と社員が同じ方向を向いて仕事をする

ＯＫＲ導入の目的とはそもそも何か

「集団」と「組織」は似ていますが、大きな違いがあります。それは、「集団」が単に〝集まり〟であることを示すのに対して「組織」には何らかの共通の目標を持ち、そのために協力し合うという意味があることです。その意味で、企業とは「組織」の典型例なのでしょう。ただし企業では、この「共通の目標のために協力し合う」という部分がしばしばうまく機能しません。実際、みなさんも、目的と手段が入れ替わったり、「何のためにやるのか」が曖昧になったりしたことがあるはずです。自分一人でもそうなので、人格も考え方もバラバラのメンバーが集まった組織で齟齬が起きるのは、むしろ〝当たり前〟かもしれません。

また組織の目標は、何もしなければ決して共有されません。むしろ、各自勝手に判断することで、メンバーの行動と組織の目標がどんどんずれていきます。そのため、会社と社員が同じ方向を向いて仕事をするには、積極的に目標を周知徹底する必要があるのです。

さらに困ったことが、目標が共有されていないと、組織のメンバーが保守的になることです。これは、目標が明確でないと判断基準が曖昧になり、前例や規則に縛られるためです。これでは、新たな市場や事業への挑戦が生まれません。

このような状況を避けるために、現在、多くの企業がＯＫＲを導入しているのです。

企業にありがちな3つの症状

【症状❶】個人の目標がバラバラで、会社全体の目標とも方向がずれている

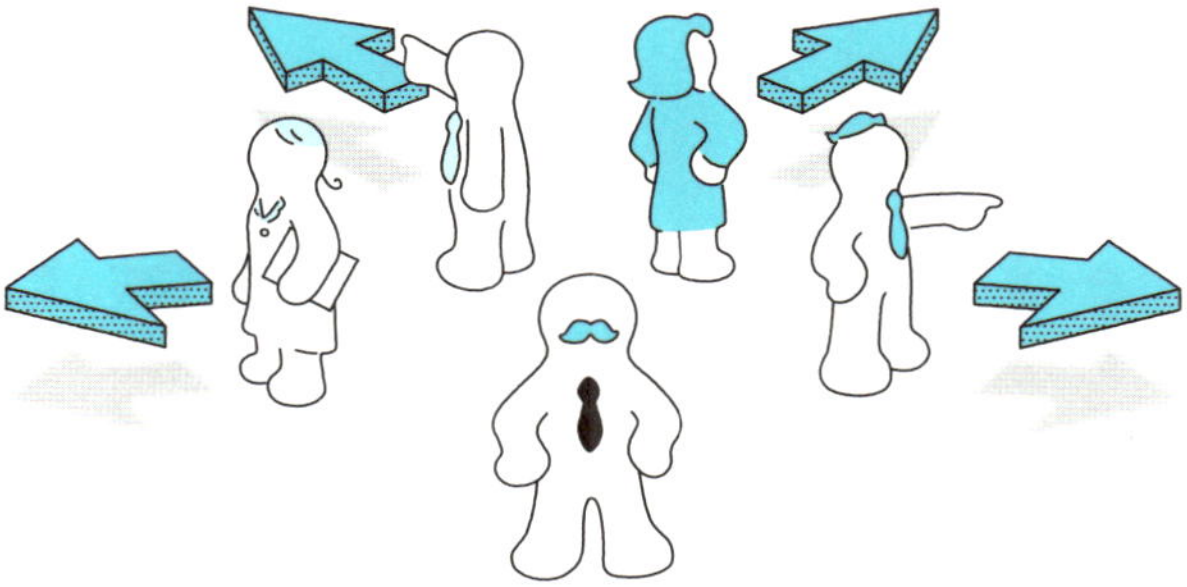

会社のメンバーがそれぞれ別の方向へ向かって
目標を立てている

【症状❷】会社、チーム、個人の目標が見えにくく、共有されてない

「会社の目標」「チームの目標」「個人の目標」がブラックボックスになっている

【症状❸】前例や規則に縛られて、新たな挑戦が生まれない

前例や規則ばかりが重視され、新たな市場や事業に対する挑戦がない

具体性、測定可能、達成可能、期限の4つ

Objectiveに必要な要素を理解する

OKRのOとは、「Objective」の頭文字です。

Objectiveを直訳すれば目標ですが、OKRにおけるOは特に、組織、部門、チーム、個人などが「どの方向を目指すのか」「何を求めて行動するのか」を誰もがわかるようにするために設定されます。またOを設定することで、メンバーのモチベーションを喚起することも可能になるでしょう。

いわゆる目標は「上場を目指す」から「今期の売上目標●●億円」まで様々ですが、OKRにおけるOには、組織の各階層において、メンバーが認識し、目指すべき〝ビジョン〟のようなものを設定しなくてはなりません。

そのため、いわゆるビジョンがそうであるように、Oには必ずしも、「数値で表すことができる＝定量的な」ことは求められません。それどころか、「数値で表すことができる（性質、ベクトルを表す）＝定性的な」ことがほとんどでしょう。

ただし、設定したOがあまりに抽象的過ぎると、メンバー各自がイメージするものにズレが生じてしまいがちです（あえてある程度の解釈の幅を許容する場合もありますが）。そのため、左の図で示したように、Oの設定にあたっては、「具体性」「測定可能」「達成可能」「期限」という4つの要素を盛り込みましょう。逆に言えば、これらの要素を盛り込むことで、Oの内容をより掘り下げて考えられるようになるのです。

Objectiveに必要な要素

【症状❶】具体性

文化を変革する

↓

オープンな文化に変革する

誰が見ても、何に取り組むのかがわかる

【症状❷】測定可能

オープンな文化に変革する

↓

誰もが自分らしくいられるオープンな文化に変革する

誰が見ても、何に取り組み、どのように達成状況を判断するのかがわかる

【症状❸】達成可能

誰もが自分らしくいられるオープンな文化に変革する

↓

誰もが自分らしく発言できるオープンな文化に変革する

誰が見ても、何にどのように取り組み、どのように達成状況を判断するのかがわかる

【症状❹】期限

誰もが自分らしく発言できるオープンな文化に変革する

↓

8月末までに誰もが自分らしく発言できるオープンな文化に変革する

誰が見ても、何にどのようにいつまでに取り組み、どのように達成状況を判断するのかがわかる

ときに、10％アップよりも10倍の方が簡単

Oには、ムーンショットとルーフショットの2種類がある

ＯＫＲで設定する「Ｏ＝Ｏｂｊｅｃｔｉｖｅ（目標）」には、実は2種類あります。一つは、１００％達成するのは不可能だが、実現すれば大きなインパクトをもたらす高い目標。もう一つは、頑張れば十分達成できると考えられる現実的な目標です。

前者は、月に届くほど大きな一打という意味から、「ムーンショット」と呼ばれます。従来、「それはムーンショットだ」という表現は、「できもしない、バカなことをやろうとしているな」という否定的な意味で使われていましたが、現在は「イノベーションを起こすのには必要不可欠である」など、肯定的に使われることが多くなっています。一方、後者は屋根に届く一打という意味から、「ルーフショット」と呼ばれます。

ＯＫＲの運用では、通常2つとも設定しますが、前者の「ムーンショット」の設定がより重視されます。それは、ムーンショットでは「今はまだない、新しい何か」を生まれる可能性があるからです。すなわち、「根本的な解決策が生まれる」「ゲームチェンジャーになれる」「組織に一体感が生まれる」などのメリットが生じるのです。

ムーンショットとルーフショットの設定では注意が必要です。ムーンショットに１００％の達成を強いれば、モチベーションの低下を招きかねません。一方、ルーフショットのレベルが低すぎると、パフォーマンスを下げるでしょう。匙加減が非常に重要になるのです。

ムーンショットとルーフショット

ムーンショット

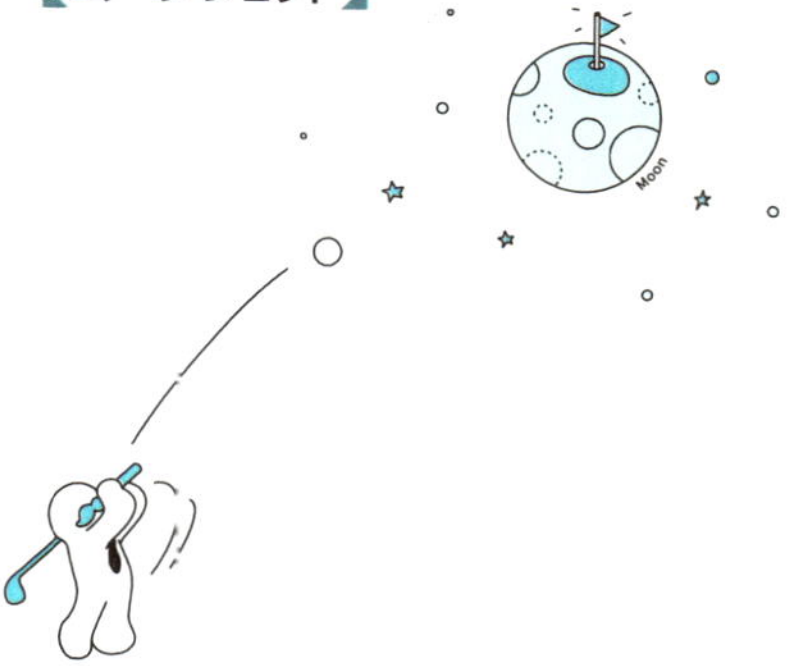

「月に届くほどのショット」
非常にチャレンジングな目標設定。
70%程度の達成で成功

ルーフショット

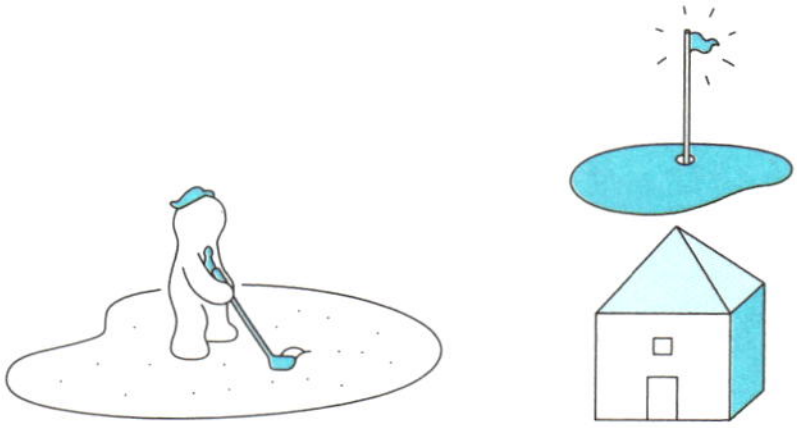

「屋根に届くほどのショット」
難しいけれど実現可能なレベルの目標設定。100%の達成が成功であり、100%未満は失敗

ムーンショットが生み出す効果

❶根本的な解決策が生まれる

❷ゲームチェンジャーになれる

❸組織に一体感が生まれる

❹手抜きが生まれにくい

OとKey Resultsの関係を理解する

Oでは方向を、KRでは状態を設定する

OKRは、組織の各階層ごとに設定します。Oであれば、会社、部門、チーム、メンバーのそれぞれが「何を実現したいか、どこに向かいたいか」を設定するわけです。会社の長期的な目標は「ミッション」なので、期間を決めて設定する会社のOは、ミッションを実現するための1ステップと言えるかもしれません。

一方、KRは、定めたOを達成したときに実現される状態を、具体的な指標（数値）で示したものです。KRの設定は、実際にどのようなアクションを取れば、この数値が実現されるかを考えることにつながります。

ときに両者の関係があいまいになりがちですが、運用にあたっては、きちんと切り分けなくてはなりません。

Oは目指すべき方向であり、ある程度、漠然としていても構いません。一方、KRは具体的な状態を具体的な数字を設定する必要があります。つまり、Oは「高い山」をイメージさせるために、KRはそのマイルストーンを確認させるために設定するのです。また、OKRの運用では、KRがどの程度達成されたかを「レビュー=確認」します。達成度合いを確認する上でも、定量的であることが重要になるのです。

また、一つのOに対しては、複数（多くの場合2つか3つ）のKRを設定しましょう。これは、KRの数が少なすぎると行動の自由度が阻害され、多すぎるとKR達成に向けた努力が分散されるためです。

ObjectiveとKeyResultsの関係（考え方）

目標を掲げている
経営者

Objective

Key result　**Key result**

達成度合いのグラフを
見ているリーダー

O
「何を実現する」
「どういう成果を出す」
「どこに向かう」
を設定する

KR
「達成する状態」を指標
（具体的な数字）で示す

ObjectiveとKeyResultsの関係（例）

Objective	KeyResults
利益を10%増やす	オークション導入で全体の売上を10%上げる
	店舗配送をアウトソースし配送料を25%カットする
	期間限定キャンペーンを実施し同時期の売上を倍増させる

実績を測るための仕組みと組織を動かすための仕組み

OKRとKPIの違いを見てみよう

「KPI」は、かなり前から多くの日本企業に導入されてきた、代表的な人材マネジメント手法の1つです。KPIでは、通常、半期または1年単位で組織の構成員に目標を設定し、その達成状況をチームまたは個人の単位で把握します。目標の設定と達成状況の評価という意味ではOKRと同じなので、混同する人もいるかもしれません。しかし、両者は明らかに異なります。

最大の違いは、その目的です。KPIでは何よりも目標に対する達成状況を測定・把握して人を管理します。これに対して、OKRの目的は、組織やチームの目標に向けてメンバー各自が自発的に目標を立てて、具体的なアクションを起こすことです。

KPIでは、通常、定量化できる目標を設定します。また100%達成することが求められるので、設定するのは「ムーンショット」ではなく、「ルーフショット」となります。あらかじめ目標を設定することで、メンバーの行動を管理するために使われるのがKPIです。考え方も、KPIは「トップダウン型」となり、OKRは「ボトムアップ型」になるでしょう。

人材マネジメント手法として、KPIとOKRの一方が優れていて、一方が劣っている、ということはありません。その組織が志向する方向、ビジネスのスタイルに従って、OKRよりもKPIのほうが適していることもあります。

OKRとKPIの違い

	OKR	KPI
考え方	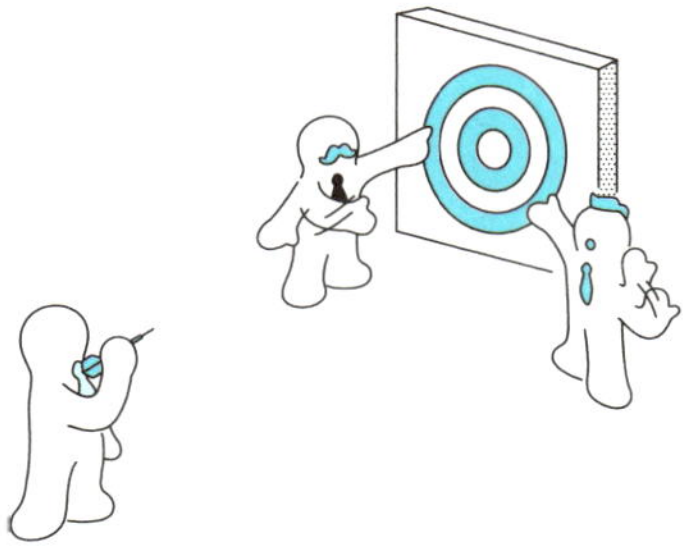 目指す方向を示して、自発的なアクションにつなげる	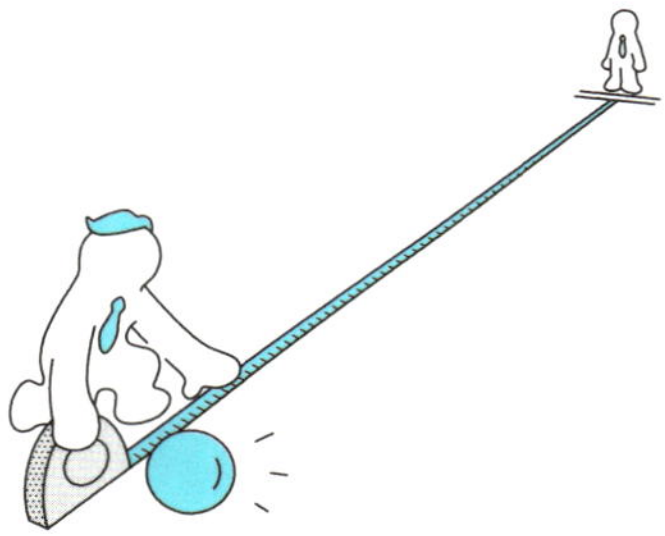 目標をどこまで達成できたかを測定・把握する
定量測定	可能	可能
目的	ゴール設定、目標に向けた進捗を評価、行動結果を振り返る	パフォーマンス測定、目標達成に必要な設定、KPIに応じた行動を求める
困難度	高い （達成度70％程度が理想）	高くない （達成度100％が理想）
目指すもの	より広範なビジョン、変化	既存ビジネスの進行・改善

ヒトを測るための仕組みとヒトを動かすための仕組み

OKRとMBOの違いをみてみよう

「MBO」は「Management By Objective」の略で、54年、P・F・ドラッガーが著書のなかで提唱した人材マネジメント手法です。一般に、「目標管理制度」と訳されるMBOでは、四半期または半期ごとの目標設定とその達成状況によって、人材を評価します。

OKRにもMBOにも、同じ「Objective」が入っていて、また組織の目標と個人の目標とを紐付けていますが、2つの人材マネジメント手法はその目的や目指すものが異なります。

OKRの目的は、目指すべきビジョンを明確化し、組織を活性化し、メンバーのコミットメントを引き出すことです。一方、MBOの目的は、何よりもまず個人の目標管理と人事評価です。そのため同じOでも、設定内容はかなり差があります。OKRでは、多くの場合、Oとして定性的な目標を設定することが多いのに対し、MBOでは、Oとして定量的な目標を設定することが多くなります（場合によっては定性的な目標も可能）。また、目標は設定期間（通常は一期もしくは半期）のうちに100％達成することが求められます。さらに、OKRは通常、全社で共有されるのに対して、MBOのOは本人と上司、そして人事担当者にしか開示されません。ある意味、MBOが目指しているのは、個人の目標を組織として管理し、その結果を人事評価に結び付けることで、評価の公平性を担保することなのです。

OKRとMBOの違い

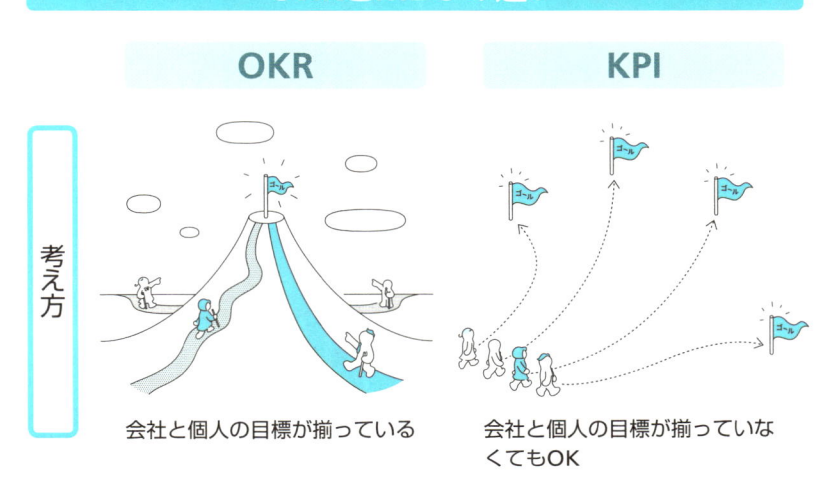

	OKR	KPI
考え方	 会社と個人の目標が揃っている	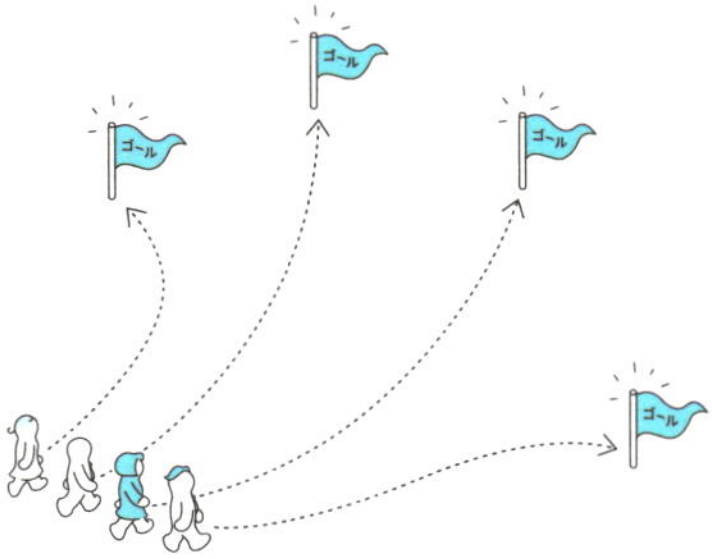 会社と個人の目標が揃っていなくてもOK
定量測定	可能	可能（定性評価も含む）
目的	・ゴール設定 ・パフォーマンスディベロップメント ・目標に向けた進捗を評価 ・行動結果を振り返る	・パフォーマンス測定 ・目標設定と達成度評価 ・組織目標との紐付け
評価サイクル	四半期に一度	年／半年に一度
困難度	高い （達成度70%程度が理想）	達成度100%を基準
共有性	全社で見える化	本人や人事、上司のみ共有
目指すもの	より広範なビジョン、変化	個人の目標管理と組織としての人事評価

コラム 1

OKRがボトムアップにつながるわけ

OKRの導入は、「従来型の日本企業からの脱却」を意味します。見せかけのボトムアップから本当のボトムアップへ変化するのです。

こう言うと、「日本企業はボトムアップだ。下の意見をよく吸い上げている」と反論する人がいるかもしれません。しかし、私が見る限り、伝統的な大企業はほぼすべてトップダウンです。たとえば、日本企業が得意とする「カイゼン」ですが、たとえ提案数は多くとも、その範囲はトップが指示した領域にとどまります。

一方、OKRを導入している企業では、トップの考えつかないアイディア、すなわちムーンショットがボトムアップで提案されます。そして、それがイノベーションにつながっているのです。

このような違いはどうして生まれるのでしょう。

その原因は、OKRが生み出すのは本当のボトムアップだからだと私は思います。たとえばグーグルでは、新卒１、２年目の若手社員でも、自分のやりたいプロジェクトを提案できますし、トップもそれを推奨します。それが当たり前なのです。

言い出した本人はプロジェクトを進める手順を決め、体制を整備して、実行します。課題があれば、その解決手段を考え、必要となれば周囲を巻き込んでいくのです。このプロセスを通じて、多くのメンバーが真のマネジメント能力を身に付けます。

一方、集団主義的であると言われ日本人は「人を巻き込むこと」が不得手です。「自分がオーナー」ではないので、どこか他人事のように仕事をこなしています。こうした体質を組み替えていくことこそが、「OKRを導入する」意義なのです。

2章

OKRはどのように導入するのか

Case 2

急成長企業がＯＫＲ導入で「一体感」を取り戻す

【事例企業】Ｈａｍｅｅ（https://hamee.co.jp/）

▼ゼロから始まったＯＫＲ導入の取り組み

２０１８年の春。Ｈａｍｅｅ株式会社のＯＫＲに対する具体的な取り組みは、マネージャー層の１泊２日の合宿から始まった。

「自分たちが理想とする会社の姿に近付く上で、ＯＫＲという手法が有効な気がする。試しに導入してみよう」という呼びかけからスタートした同社の挑戦。とはいっても、最初は、社内のほぼ誰も、「ＯＫＲが何か」さえ知らない。そのため合宿の一番の目的は、ＯＫＲ導入の取り組みをマネージャー層に周知することだった。

合宿では周知を進めるとともに、ＯＫＲの仕組みや運用法を〝自習〟した。刊行されたばかりの書籍『ＯＫＲ』（Ｃ・ウォドキー著、日経ＢＰ社）を各自が読み込んで、試行錯誤しながらＯＫＲ導入の下地作りを進めたのだ。

Ｈａｍｅｅが０ＫＲ導入を進めた背景には、会社の急成長があった。ビジネスの幅が広がり、人員が増えたことで、各部署が何を考えて、どんな仕事を行っているかが見えづらくなっていた。そもそも会社の方向性について全員が一致した認識を持っているのかさえ曖昧ではないか、という危惧を多くのスタッフが持ちつつあった。

互いの仕事の内容がわかり、目標を共有できている状態に

Hameeのスタートは、1998年、携帯電話などモバイル機器のストラップの製造・販売を行うマクロウィル有限会社だ。その後、社名を2001年12月に株式会社ストラップヤ.com、2006年5月に株式会社StrapyaNextと変え、2013年5月に現社名となった。扱う商品も、スマートフォンのケースから、カバー類や周辺アクセサリー全般へと拡大した。

また商品を旧来の販売ルートにのせるだけでなく、ダイレクトにユーザーに届けるため、独自にネットショップを立ち上げ、そのネット通販システム自体の販売も始める。このECサイト構築アプリケーションの販売・サポート事業もまた、ビジネスの柱として育つ。

モノ（グッズ）とシステムという両軸の事業が順調に成長するのに伴って、会社の規模は急拡大し、従業員数は国内で200名を超えるようになった。人員構成は、物販、システム関連、管理がおよそ3分の1ずつ。しかし業容拡大に伴って、他部署の様子は見えなくなっていった。

スタート直後、小さな組織だった頃のように、メンバーの誰もが互いの業務内容を理解し、目標を共有できる状態に戻れないか。そのための手段としてOKRを選んだのだ。

▼マネージャー会議で目標を再確認

会社の方向性を確認しようと開いたマネージャー会議では、「どのような会社が理想か」について、意見が集められた。数チームに分かれて討議し、「イケてる」と思う会社を上げてランク付けしたところ、どのチームでも上位に入ったのがグーグルだった。

もちろん、グーグルとＨａｍｅｅでは仕事の内容も会社の規模も異なる。単純にグーグルをマネしても意味はないだろう。しかし少なくとも、これまでぼんやりとしていた「会社の理想像」が見えてきたのであれば、その良いところを自社に取り込みたい。そして、取り込む要素として注目したのが、「ＯＫＲ」と「１ｏｎ１」だった。それが、冒頭に書いたマネージャー層の「ＯＫＲ導入合宿」へとつながる。

ＯＫＲ導入にあたり、当初とまどったのは、ＭＢＯやＫＰＩといった従来型の管理手法とは運用が異なる点だった。それまで同社は、基本、報酬と直接紐づく評価制度を採ってきた。しかし、ＯＫＲでは必ずしも評価と報酬を結び付ける必要はない。では、「報酬と紐づかない評価制度」をどのように運用すればいいのだろう。

同社では、外部の意見を聞きながら「ＭＢＯとＯＫＲの目標は変えずに、ＯＫＲでの評価は報酬に紐付けない」形で運用することとした。社内で検討を重ね、ＯＫＲに対する疑問点を解決することで、「自分たちに合ったＯＫＲ」「Ｈａｍｅｅならではのの ＯＫＲ」を組み立てていったのだ。

「最初から成功」はあり得ない

こうして、HameeのOKR導入プロジェクトは2018年度からスタートした。導入して10ヶ月が過ぎたが、いまだに細かい点で「どうしたらいいのか」迷う点は多い、同社執行役員でみらい創造部マネージャーである豊田佳生氏は言う。

たとえば一般に、売上を担う部署であれば数値目標を立てやすく、設定も評価も簡単と思いがち。しかし、そこにOKRを導入した場合、どうなるだろう。

仮に、「この1年間で100億円売上を達成する」というOKRを立てる。しかし、その部署の経営計画上の目標は70億円だ。では売上が80億円だったとき、70億を超えたことを評価すべきか、あるいは100億達成できなかったことで評価するべきかなどの問題である。

また、OKR導入当初、「学習→理解→会社のOKR設定→部署のOKR設定→メンバーのOKR設定」に至るまでに半年かかった。「OKRを理解しながらだった」とはいえ、時間が掛かりすぎだったかもしれない。HameeのOKR導入は「試行錯誤の段階」と言えそうだ。

ただ、「現時点ではあまり焦ったり、気負ったりはしていない」と豊田氏は言う。

「参考としている本などにも、OKRが最初からまったくスムーズに機能することはなく、むしろ導入一度目は失敗すると書かれています。最初はそれで構わないと思っています」。試行錯誤は織り込み済み、というわけだ。

課題はすでに見えてきている

Ｈａｍｅｅでは、とりあえず1年間のＯＫＲを設定した。しかし、半年経過してわかったのは、もっと短い期間で設定したほうがよかったということだ。先行事例を見ても、ＯＫＲは四半期で設定するケースが多い。４半期では慌ただし過ぎると考えて1年間に設定したのだが、それだと、目標設定の前提が変化して、現状にそぐわなくなってしまう例が多発した。四半期の期間設定には、それなりの理由があったわけだ。

もう一つ現時点で「足りていない」と感じるのは、メンバーや各部署が設定したＫＲをチェックする仕組みだ。「そのＫＲで過不足ない」ことが担保されていなければ、メンバーや部署のＫＲ達成が、会社のＫＲ達成につながらない。

Ｈａｍｅｅ全体の初年度の「Ｏ」としては「愛されるＨａｍｅｅを創る」。「ＫＲ」は、「Ｈａｍｅｅのファン数を２０１９年4月期までに３００％にする」とした。「ファンが誰か」は、当然、部署ごとに変わる。物販部門であればスマホケースを買ってくれるエンドユーザー、システム開発部門であればＥＣシステムを使っている企業ユーザー。経営陣にとっては株主も含まれるだろう。いろいろな「ファン」の形がある。その全部が３００％になれば、もちろんそれに越したことはないが、なかなかそうはいかない。

しかしその場合、「こちらは４００％、でもこちらは２００％。じゃ、間をとって３００％達成でいいよね」ということになるのか。その答えはまだ出ていないという。

「自然と見えてくる」仕組みが望ましい

OKR導入後には、改めて、社内の見える化の必要性をメンバー全員が痛感するようになった。隣の人、隣の部署の仕事内容やOKRがわかってこそ、自分の部署あるいは自分のOKRをきちんと設定できるようになるからだ。

社内ポータル上で各部署・各自のOKRを確認できる仕組みを導入したが、もっと見やすく工夫を凝らす必要もありそうだ。OKRの導入により、管理すべき目標は倍増した。その分、「わざわざ見にいく」仕組みではなく、「自然と見えてくる」仕組みが望ましいからだ。

現在、現場では、目標管理の負担増に対する不満も聞かれる。OKRがしっかり定着していないためだろう。今後、本格運用に伴って、こうした不満がどうなるかについても、不安はある。特にOKRの設定期間を4半期などに短縮化すれば、管理の手間は増える。

とはいえ、現場で変化も生まれている。OKR設定にあたり、部署ごとに合宿を実施したり、ミーティングを開いたりすることで、「うちの部署のファンは誰か?」「目標達成に向けて、各自ができることは何か?」を自ら考える動きが広まりつつあるからだ。そしてそれは、コミュニケーションの機会を増やすだけでなく、今までと違う新しい発想が生まれる下地にもなりつつある。

POINT

OKR導入にあたっての「ポイント」は?

ポイント❶

社内のほぼ誰も、「OKRが何か」さえ知らない。そのため合宿の一番の目的は、OKR導入の取り組みをマネージャー層に周知することだった。

OKR導入にあたっては、通常、経営層やマネージャー層が合宿します。「OKRとは何か」「OKR導入の意味は何か」を理解するためです。

ポイント❷

そもそも会社の方向性について全員が一致した認識を持っているのかさえ曖昧ではないか、という危惧を多くのスタッフが持ちつつあった。

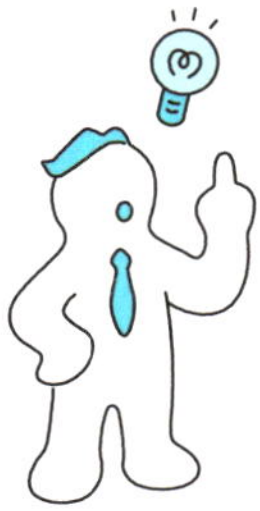

会社が急成長すると必ず意思疎通に齟齬が生じます。多様化も必要ですが、共通の目標が失われると、パフォーマンス発揮が望めせん。

ポイント❸

同社では、外部の意見を聞きながら「MBOとOKRの目標は変えずに、OKRでの評価は報酬に紐付けない」形で運用することとした。

誤解されがちですが、MBOとOKRを併用すること、人事評価と連動しない形でOKRを導入することは可能です。重要なのは、「OKRで何をしたいか」なのです。

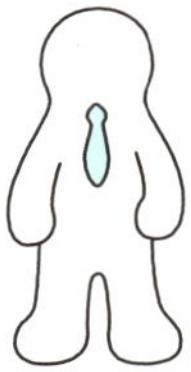

ポイント❹

OKRが最初からまったくスムーズに機能するということはなく、むしろ導入一度目は失敗すると書かれています。最初はそれで構わないと思っています。

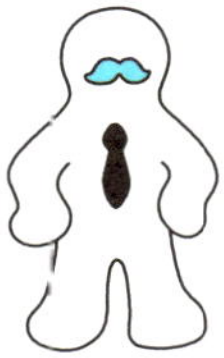

実際、OKR導入が最初から成功することはありません。試行錯誤し、つねに修正しながら、自分の組織に合った運用方法を探していくしかないのです。

It happens.

OKR導入にあたっての「ある・ある」は?

ある・ある❶

OKRの進捗状況について報告がない。

OKRの入力シートと入力する曜日・時間を決め、リーダーやトップが自ら チェックします。未入力の人には必ずリマインドをかけましょう。

ある・ある❷

「チームのOKR」がチャレンジングでない。

OKRシートに「なぜチャレンジングなのか?」という欄を設けましょう。どうしてもストレッチ目標が出なければ、トップが自ら介入します。

あるある❸

チームOKRとカンパニーOKRがつながらない。

OKRシートに「なぜ今、それをやるのか？」という欄を設けましょう。理由を考えさせることで、カンパニーOKRの存在を意識させるのです。

あるある❹

OKRを3つ以上設定して、フォーカスできない。

OKRの設定数に上限を設けましょう。通常、一定期間に設定するOKRは1つもしくは2つにしておいたほうが効果が上がります。

ＯＫＲはどのように導入すればいいのか

ＯＫＲ導入のポイントとプロセス

組織が大きく、複雑になるにつれて、「何がミッションか」「何を目指しているのか」といった、組織の〝核〟が曖昧になりがちです。

組織の方向性を明確にし、メンバーの行動を揃え、モチベーションを高める上で、ＯＫＲは非常に優れた手法です。

とはいえ、ＯＫＲをまったく知らない人がきちんとしたＯＫＲを設定できるはずはありません。ＯＫＲ導入にあたっては、様々な注意点があるからです。

まず重要なのが、「ＯＫＲ導入」に向けた組織の雰囲気作りです。そのためには段取りを踏む必要があります。すなわち、組織の目標を改めて設定してそれを全メンバーに共有し、チームとしてそれを実現するために何ができるかを考えます。その上でチームのリーダーが組織に貢献する方法をメンバーに発表し、その実現を支える手段としてＯＫＲを位置付けるのです。

また雰囲気作りには、経営層のコミットメントが欠かせません。導入効果を伝えたり、導入方法を明確にしたり、ＯＫＲ設定のトレーニングを用意したりするＯＫＲ導入の牽引役も必要となります。

具体的な方法は、組織の大きさやスタイルにより変わりますが、テンポよく導入を進める上では、プロセスを踏み、ポイントを押さえる必要がある点は、すべての組織において共通です。

OKR導入のプロセス（例）

3週間前
・組織目標を設定し、全社員に共有

「うちの会社は、このゴールに向かう!」

2週間前
・チームで組織目標をどう実現するか議論

「どうすれば、ゴールに到達できるだろう?」

1週間前
・チームが組織目標にどう貢献できるか、リーダーが全員に伝える

「うちのチームはこの方針で行こう!」

数日前
・全社会議：全員のOKRを見える化し、完成させる

OKR導入のポイント

1. トップ層からサポートを得る
2. 導入メリットを組織に浸透させる
3. 導入アプローチを明確化する
4. 導入の牽引役を任命する
5. OKR設定のトレーニングを用意する
6. 管理プロセスのシンプルさを保つ

階層の上から順に設定することになる

OKRは組織の階層ごとに設定して、すり合わせる

OKR導入の目的として、すべての会社があげるのが、「組織に属している、すべてのメンバーが、会社と同じ方向に向けて進む」ことです。

とはいっても、社内の誰もが同じ業務に就いているわけではありません。開発は開発、営業は営業、管理部門は管理の仕事を担い、それぞれに属すメンバーも、一人ひとりが異なる業務を抱えています。したがって、一口に「会社と同じ方向に向かう」と言っても、適切なOKRの設定は簡単ではありません。

またチームであれば、所属する部門や構成するメンバー、あるいは横のチームと、OKRをすり合わせる必要があります。そのためOKRの設定では、会社としての大きな目標と、その下にある部門、チーム、そして個人の目標とがきちんと有機的につながっていて、しかも全体として齟齬がないことが重要になります。そうすることで、小さな目標の達成が最終的に会社としての大きな目標の達成につながるのです。

OKR設定は通常、カンパニーOKRを実現するチームOKRを設定し、それが個人OKRへと落ちるという流れで進められます。

しかし、このプロセスは単純な上意下達ではありません。上や下、あるいは横からのフィードバックに応じて、OKRを調整しなくてはなりません。そのためにも、すり合わせが重要になるのです。

OKRの設定

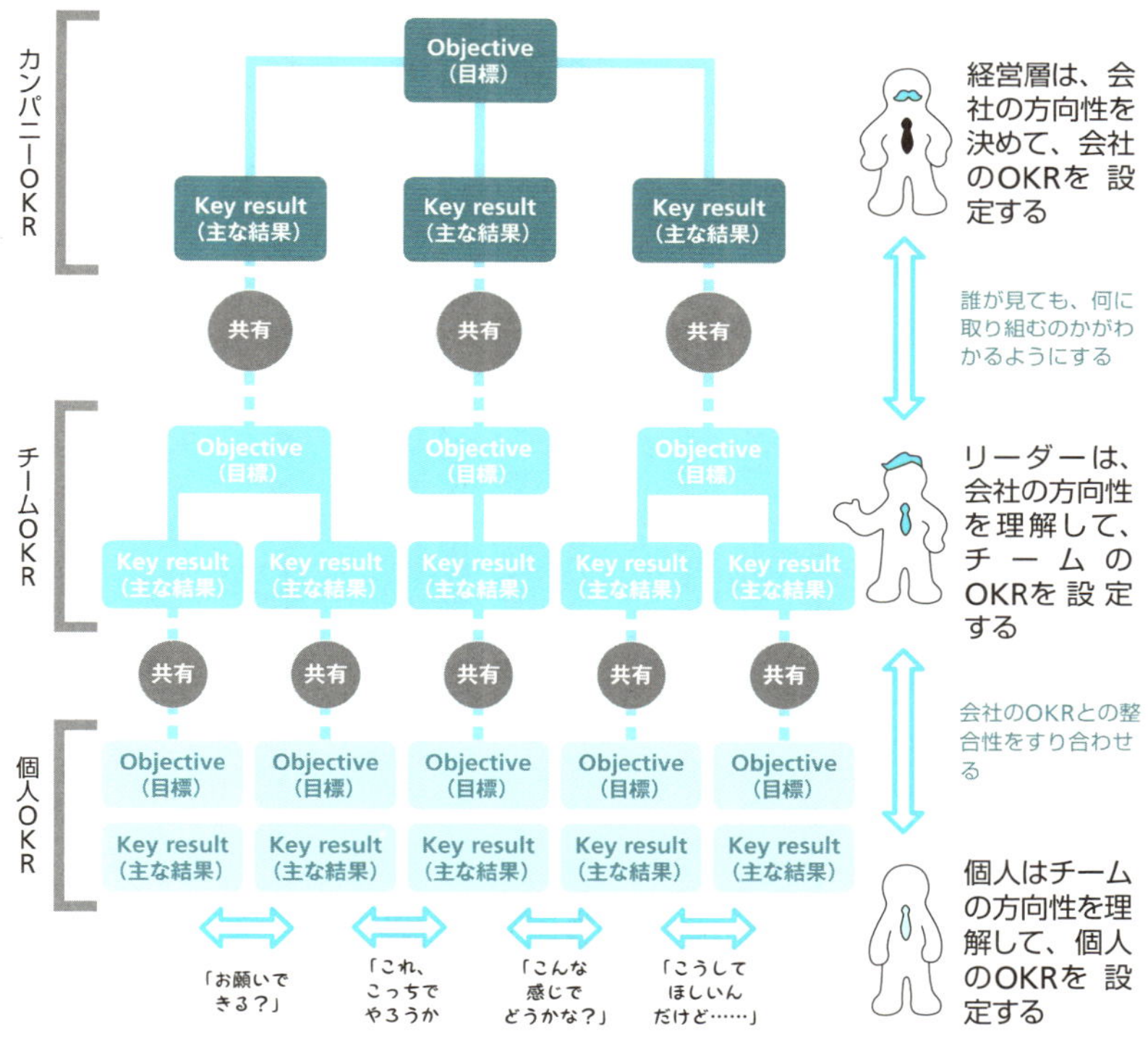

OKR設定の注意点

❶ 会社、組織、個人のOKRは見える化されている

❷ 必要に応じて、フィードバックしたりKR達成のために支援したりする

❸ OKRはチーム間でもすり合わせる必要がある

❹ チーム間や個人間のOKRすり合わせは、オーナーとコントリビューターが行う（ペアワークの場合にはオーナーを決める）

70～80％の達成度でも十分なOKRを設定する

設定したOKRで問題ないかを確認する

OKRが機能するかは、何よりも「OKRがきちんと設定されているか」にかかっています。では、きちんと設定されたOKRとは、どのようなものなのでしょう。

一般に、OKRにおいて「Oは定性的、KRは定量的に設定する」と言われます。目指すべき方向がOとして設定され、達成された状態を数値化した〝マイルストーン〟がKRとして設定されるわけです。そのため両者の関係は、「私（たち）は［O］を目指す、それには［KR］の状況が実現されなくてはならない」となります。つまり、OKRの確認では、OとKRの関係がわかりやすく、納得感があることをチェックしなくてはなりません。Oに「具体性」「測定可能」「達成可能」「期限」が求められるのは、KRとの関係をわかりやすくするためでもあるのです。またムーンショットのKRを設定する上では、注意が必要です。ムーンショットは「およそ実現不可能」なので、達成度70％程度で構いません。そのため、ムーンショットであるOに対して、ルーフショット同様のKRを設定すると、KRの数値が過大となり、メンバーのモチベーションを削ぐ結果につながるからです。

なお、ムーンショットとして設定するOは、しばしばスローガンのような漠然とした曖昧な表現になりがちです。そのため、目標のイメージを共有するために、「何において、どのような成果を目指すか」の具体例を付加するのもお勧めです。

良いOKRの例

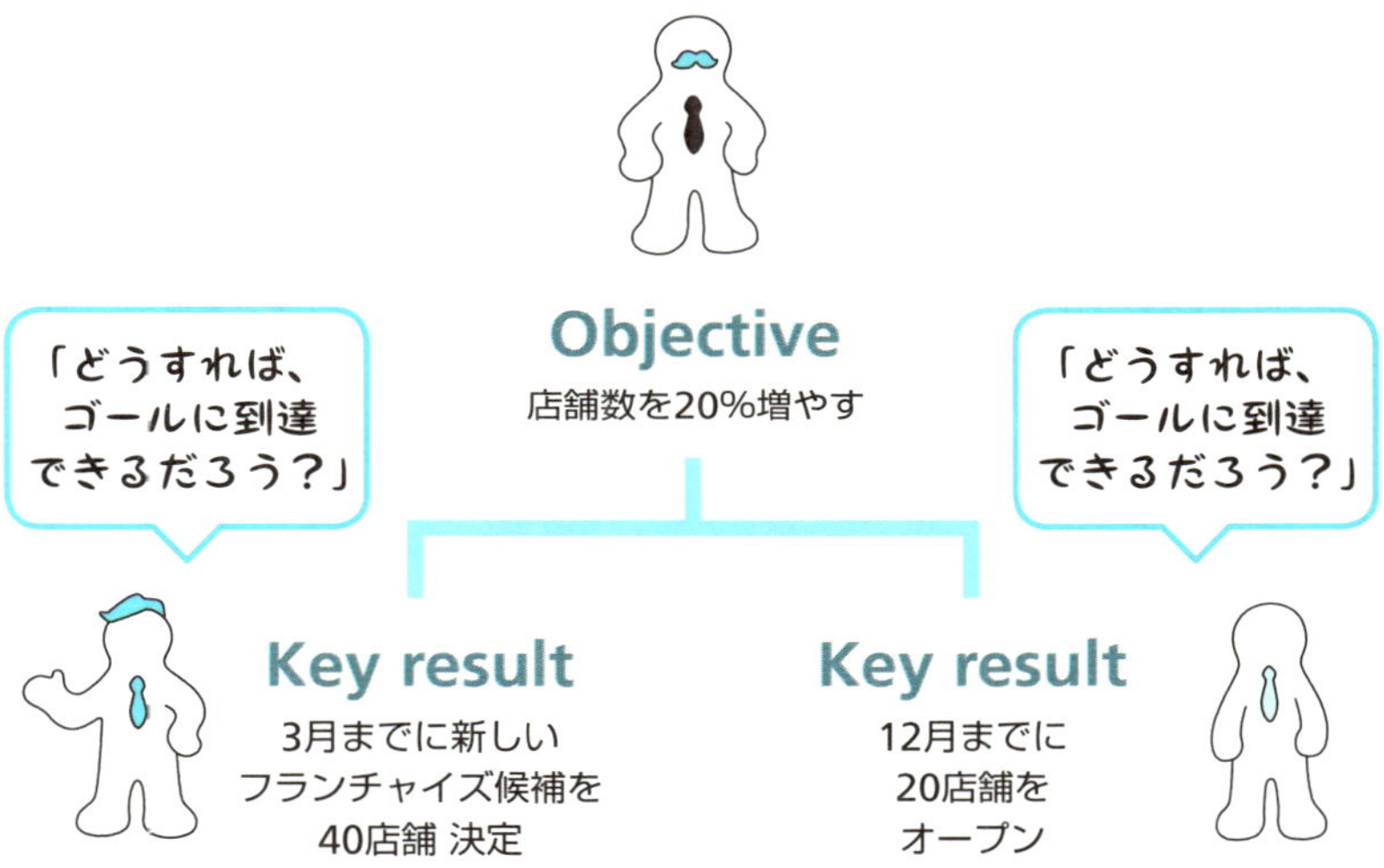

悪いOKRの例

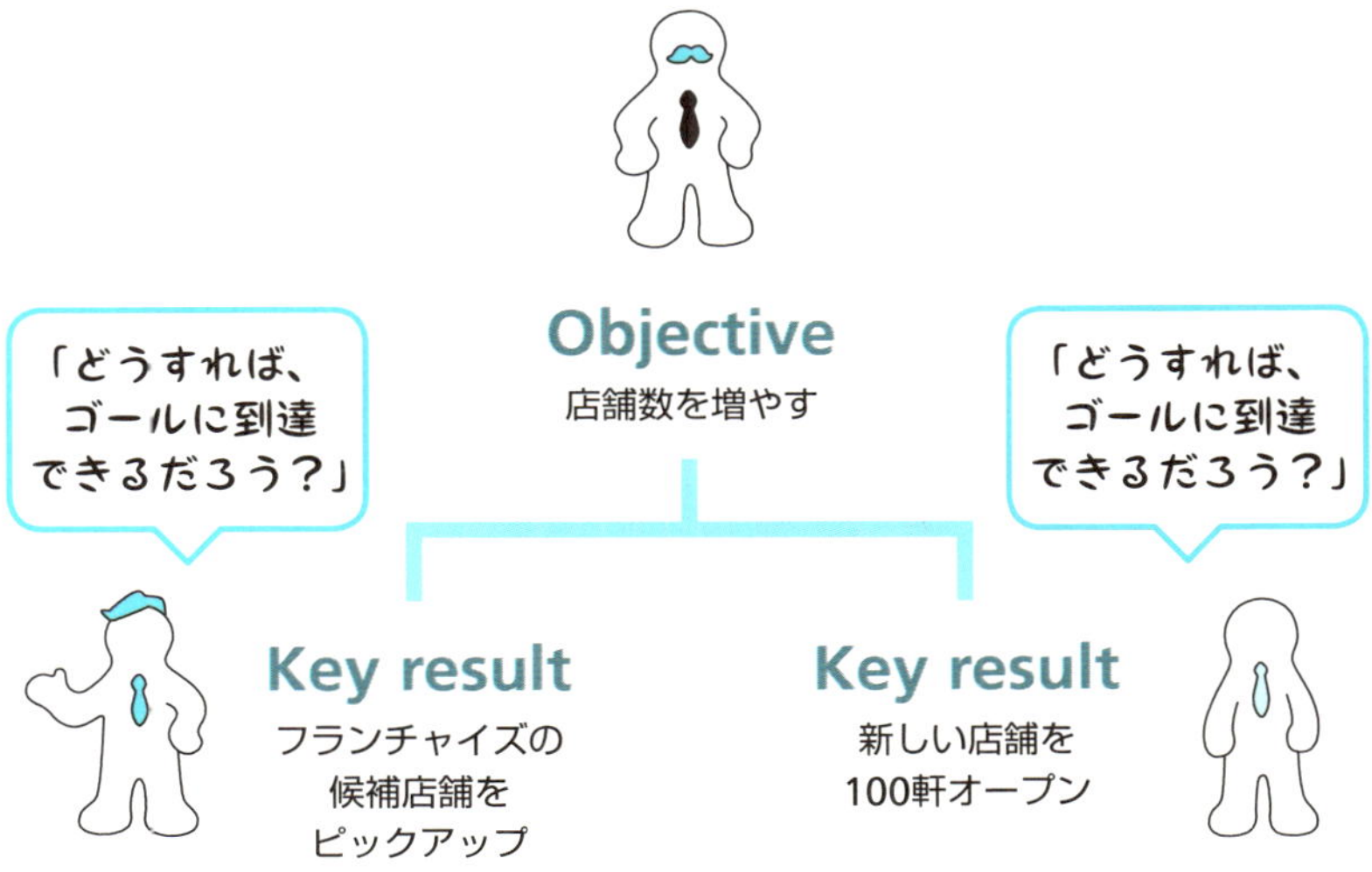

ポイントはＯＫＲの進捗管理とその見える化

ＯＫＲを運用するためのスケジュールを立てる

目標に期間を設定しないと、誰も実現に向けて動いてくれません。ＯＫＲにおいても、「◯◯までに△△という目標を実現し、そのためには××という状況を実現する」というように、きちんとある期間における目標と達成するべき状態を決めましょう。

ＯＫＲを設定するのは一般に、四半期に1回です。これは、ＯとＫＲの〝新鮮さ〟を保ち、メンバーのモチベーション低下を防ぐためです。またＯＫＲは、取り巻く環境が変化するなかで、新しいことに挑戦する組織を作る上で有効と言われています。そのためには当然、ＯＫＲは期の途中で小刻みに修正しなくてはなりません。変更する際には、期間を置かず、根本から見直すといいでしょう。

また実際の運用では、「ＯＫＲ設定」のスケジュールもきちんと管理する必要があります。四半期単位でＯＫＲを設定するにもかかわらず、会社のＯＫＲ設定から個人のＯＫＲ設定まで2ヵ月もかかるようでは、実質、1ヵ月間でKR達成を目指さなければならないことになりかねません。

なお、ＯＫＲ設定のサイクルは必ずしも四半期に1回でなくても構いません。会社、部門、チームの業務の性質やスタイルに応じて、適宜、変更しましょう。ただし、その場合も、ＯＫＲが古びてしまわないようには気を付ける必要はあります。

OKRスケジュール設定の注意点

基本的には四半期に１度、組織の方針や事業環境変化に伴ってOKRを見直す

OKR運用スケジュール（例：プロノイア・グループ）

3月中旬：次の四半期の会社の方向性を経営コアメンバーで擦り合わせてテーマを掲げる
1. 社員一人ひとりが自己実現できる企業文化をつくる
2. 新しい潮流をつくる
3. プロノイアならではのインパクトをもたらす

3月中旬～下旬：テーマに基づいてチームのOKRを設定する

3月下旬：チーム内で1on1を実施し、チームKRを個人のOとして設定し、個人のやりたいことがO達成につながるように個人KRを設定する

4月初旬：四半期の頭から新たなOKRでスタートする

3ヶ月に1度、会社・チーム・個人のOKRを設定し、すり合わせ、共有する

ツールを使った見える化が導入成功のポイント

ＯＫＲを可視化・共有する仕組みを導入する

ＯＫＲは、一度決めたら自然と共有され、メンバー全員が動き出すわけではありません。決めただけでは、多くの場合、メンバーに浸透せず、また意味も曖昧になっていくでしょう。ＯＫＲに基づいて行動しているつもりでも、その解釈がずれてしまうのです。また、ビジネス環境が変化すれば、顧客ニーズも変わり、当然ＯＫＲも修正しなくてはなりません。

そうした事態を防ぐためにも、ＯＫＲ導入にあたっては、すべてのＯＫＲがつねに組織内で共有され、チェックされているような仕組み作りが必要になります。日々の業務のなかでつねにＯＫＲを振り返り、再確認できるようにしておくのです。自分のＯＫＲ、自分のチームや部門のＯＫＲだけではありません。少なくとも関連する部門やチームやメンバーのＯＫＲ、できれば社内の全ＯＫＲを簡単に確認できる仕組みが望ましいでしょう。これは、「何が自らの業務において求められるか」をよりよく理解できるようになるだけでなく、関連するＯＫＲの修正などに伴って、自らのＯＫＲを変更する上でも役に立ちます。

ＯＫＲを可視化・共有する仕組みには、オンラインベースのものと、オフラインベースのものがあります。左図のように、それぞれメリット、デメリットがあるので、会社、組織、チームの状況に応じて、より良い方法を選んだり、組み合わせたりするといいでしょう。

OKRの可視化・共有の方法（例：プロノイア・グループ）

画像出典：Motify.work によるOKR管理システム

OKRの可視化・共有ツールは様々なソリューションが提供されている

OKRの可視化・共有の注意点

❶ 可視化・共有ツールとしては、オンラインとオフラインという2つの選択肢がある

❷ オンラインツールは可視化や共有の面でオフラインよりもリアルタイムかつ共有範囲が広い

❸ 反面、オフラインはツール導入や利用説明の手間がかからず、スタートにかかる時間を短縮できる

❹ 状況や用途に応じて、片方だけを利用したり、両方とも利用したりすることになる

コラム2

OKRを設定する上での“落とし穴”

OKR導入当初に、ありがちな“落とし穴”が「設定すべきOKRのスケール感がわからない」ことです。これは、OKRを導入している企業に転職して、初めてOKRに接した人についても言えることです。明確な専門分野を持たない若手などは、「何によって会社に貢献すればいいか」がわからずに、目標が曖昧になりがちです。

たとえば、ムーンショットとして「世界を変える！」といった、大きく漠然とした“目標”を設定されても困ります。「世界」とは何を指すのか、「変える」と言ってもどのように変えるのかなど、具体的な内容がわからないとレビューできません。「とりあえず大きなアドバルーンを上げてみる」だけでは意味がありません。OKRを設定する際には、目標が具体的で、インパクトがあり、しかも会社のビジネスと結び付いていることが求められるからです。

プロノイア・グループでも、OKR未体験の人が入ってくると最初、設定に戸惑います。「何か目標を設定してください」と言われても、どのような目標が適切なのかがわからないからです。

そのためまずは、全体会議である「プロノイア〜ず」において、他の人のOKRの発表を聞いてもらいます。OKRを設定する規模感を掴んでもらった上で、1on1などで上手にリードします。一緒に考えていくことで、徐々に自分で設定できるようにサポートするのです。

3章

OKRはどのように運用するのか

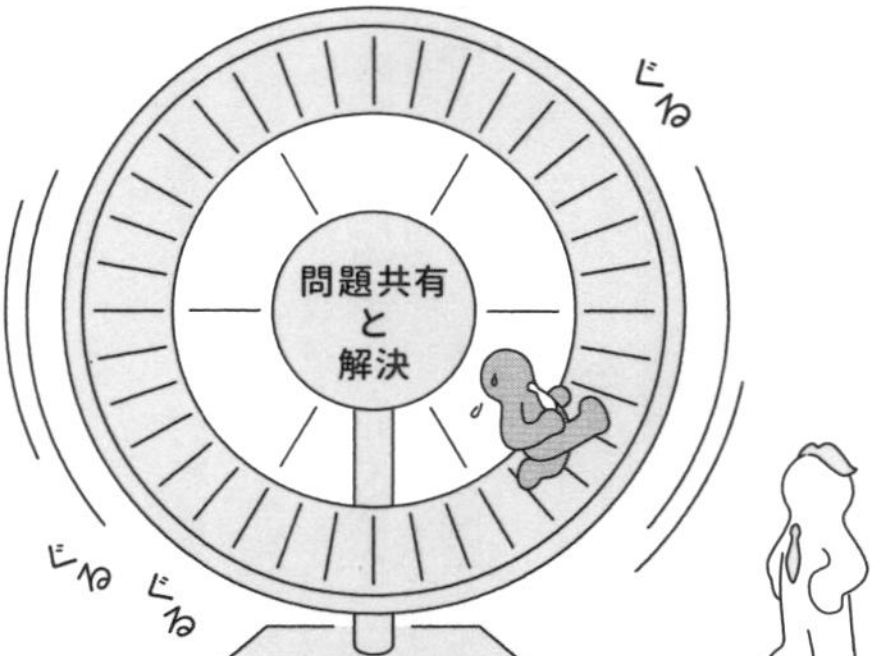

Case 3

企業のミッションを社員全員で共有する

【事例企業】Sansan（https://jp.corp-sansan.com/）

▼いいと言われる制度なら、とりあえず試してみる

名刺をスキャンするだけで、簡単に「人物単位」でデータ化し、人脈を社内で共有できる。そんな法人向けのクラウド名刺管理サービス、「Sansan」を中心にビジネス展開するのがSansan株式会社だ。「早く言ってよ〜」のCMが印象に残っている人も多いだろう。「Sansan」という社名は、人を表す「〜さん」を重ね、結び付けたものだという。たしかに、「ビジネスの出会いの証」である「名刺」をデータベース化して活かすというコンセプトが社名に表現されている。

SansanがOKRを導入したのは、2015年。きっかけは、グーグルが導入して成果を上げていると聞いたことだ。同社のスタンスは、「良い仕組みがあればまずは試してみる」こと。「不可逆でなければ、まずはやってみる」のだ。試してみてうまく行けば良し、うまく行かなければすぐにやめる。そんなフットワークの軽さがOKR導入にいち早く動いた背景にある。

ただ、それだけではない。「ＯＫＲという仕組みがＳａｎｓａｎに合っていそうだ、という印象はあった」と執行役員ＣＨＲＯで、人事部部長の大間祐太氏は語る。

個人の目標が会社全体につながることを実感させるツール

Ｓａｎｓａｎは企業のミッションを重視する、いわば「ミッションドリブンな会社」だ。Ｓａｎｓａｎのミッションとは「出会いで世界のビジネスシーンを変える」ことであり、「どのように変えるか」をつねに変化させてきた。たとえば、18年11月までは「ビジネスの出会いを資産に変え、働き方を革新する」だが、12月以降は「出会いからイノベーションを生み出す」になっている。

このミッションを「少しおかしい」と思われるくらい繰り返し言い続けるのがＳａｎｓａｎという会社だ。そのために重要な役割を果たしているのが、原則、全社員が参加する「Ｓ1会議」と呼ばれる朝会議である。Ｓａｎｓａｎでは、会社が大きく成長した今も、２週間に1度Ｓ1会議を開催している。この場では、経営層が全体に向けてメッセージを発信する。

特に、「この四半期にカンパニーとして目指すもの＝ＣｏｍｐａｎｙＯＫＲ」は、「ミッションの実現には、なぜこのタイミングでこれが必要になるのか」など、ミッションに紐付けて説明される。経営のメッセージを現場に届けるため、大きな努力を払っていると言えるだろう。

そんなＳａｎｓａｎだが、組織が大きくなってきたことによる問題も生じてきた。生産性向上を非常に重視するＳａｎｓａｎでは、現場に対して多くの定量目標を設定する。しかし現場のメンバーからすると、その定量目標が設定された理由がわかりにくい。たとえば、「なぜ、インサイドセールスの目標がその数値に設定されているか」がわからないわけだ。自分のやっている仕事が何につながるかが見えないのは、ある意味、組織が大きくなれば、どうしても出てくる問題だろう。

OKRを導入した時期は、Sansanという企業がそのような問題に突き当たっていた頃だった。だからこそ、OKRという手法がうまくはまったのかもしれない。

「OKRとは、個々の社員の仕事が、企業のミッションにつながっていることを実感させるツールだった」と大間氏は言う。OKRでは、組織全体の大きな目標を掲げ、それをブレイクダウンすることで部門、そして個人の目標に落とす。組織の各レイヤーにおいて、ツリー構造で目標が決定されるので、末端の「小さな目標」が全体の「大きな目標」にどのようにつながっているかが見えるのだ。

MBOか、OKRか

「やってみる価値があると思うものは、不可逆でない限りやってみる」スタンスのSansanでは、人事制度においても、これまで「お試し」的なミニマムトライアルをかなり頻繁に行ってきた。ただし、ことOKRに関して、「とりあえず、半期は」という制約は設けたものの、全社で一気に導入したという。そうでなければ、導入の効果が見えないと考えたからだ。

しかし、組織と制度には相性もある。企業風土と「合う、合わない」もあるし、同一企業内であっても、営業、開発、管理など、部門による差異も存在するだろう。こうした点で、OKR導入時に〝迷い〟はなかったのだろうか。

結論から言えば、「OKRに向いているか、あるいはMBO（目標管理制度）に向いているか、といったことは、実はそれほど考えなかった」(大間氏)そうだ。これは、Sansanが元々OKRに求めていたのが、「各部門の個々のメンバーがやっていることが、(最終的に)何につながっているかを見える化する」ことだったからかもしれない。「末端の「小さな目標」が全体の「大きな目標」にどうつながるか」を見せるという意味では、「OKRに合う・合わない」はあまり問題にならない。

組織の規模が小さく、全体の目標と個々人の目標とのつながりが誰の目にも明らかであれば、MBOでもこうした問題は起こらないだろう。「MBOは、ある種、部門ごとに目標が〝ブツ切り〟になる傾向がある。達成すること自体が目的となり、それが何につながるかはあまり明示されない。一方で、OKRは、まず『目的は何か』が明確に示される。そこでの効果が大きい」(大間氏)。Sansanにとって重要なのは、むしろそれだったのだ。

「ストレッチされた目標に必達」の文化

Sansanでは、OKRが評価報酬制度と完全に連動している。「これは、本来のOKRの在り方とは若干違っているかもしれない」と言う。

最も大きな違いは、一般にOKRは「達成が難しい、ストレッチした目標を掲げる」のが前提だが、Sansanの場合、OKR導入以前から社内に「目標必達文化」が浸透している。OKRにおいて定量化されて設定されたKR(Key Results)は、Sansanでは、「必達すべき目標」となる。かといって、それらがあらかじめ「十分達成可能な」レベルに抑えられているわけでもない。「つねにストレッチした目標を必達する」という〝攻め〟の姿勢なのだ。

これは、Ｓａｎｓａｎの掲げるミッション自体が非常に高いレベルだからだろう。そのミッションを達成するための目標を個々のレイヤーが設定すれば、当然、ストレッチしたＯＫＲが求められる。それだけに、「その目標をなぜ達成しなければならないか」をマネージャーがきちんと言語化し、伝えられなければ、メンバーが疲弊してしまう。「わからなくていいから、とにかくやれ」では駄目だ。理解し、自分の役割を自覚し、自律的に動く。「今の手法でできないのであれば、できる方法を編み出し突破する」ことも必要になるだろう。ＯＫＲはそのための仕組みなのだ。

会社全体、部門と個人のすり合わせと評価

ＳａｎｓａｎのＣｏｍｐａｎｙ ＯＫＲは、同社代表取締役社長である寺田親弘氏が四半期ごとにＳ1会議で発表する。「前クォーターのＯＫＲ達成率は◯◯、そして次期クォーターのカンパニーＯＫＲは……。このＯＫＲを設定した理由は……」という具合だ。

Ｃｏｍｐａｎｙ ＯＫＲを決める過程では、各役員、部長と寺田社長との間で1on1による打ち合わせがあり、各部門の目標とＣｏｍｐａｎｙ ＯＫＲが紐づけられる。そして部門ごとのＯＫＲがその下部組織へとツリー構造で降りていくことになる。

ただし、Ｃｏｍｐａｎｙ ＯＫＲを末端まで下ろすには、かなりの時間を要する。そのため導入当初には設定していた個人のＯＫＲは、現在、設定をやめている。これは、個人までＯＫＲを設定すると、全員のＯＫＲが決まるまでに1ヶ月掛かってしまうこともあるためだ。4半期に1度ＯＫＲを設定す

るＳａｎｓａｎで、ＯＫＲが決まるまでに１ヶ月かかれば、ＯＫＲを達成するために残された時間はわずか２ヶ月となる。これでは本末転倒だ。そのため現在は、グループのＯＫＲまでを設定し、それをグループとして達成するやり方に切り替えた。

現在、メンバー個人に対する評価は、個人が所属するグループもしくは部のＯＫＲの達成に「どれだけ貢献したか」という〝アチーブメント〟ベースで行われている。

なお、個人の評価は直属の長のほか、透明性を上げるため、それぞれのメンバーが周囲から最少３人、最大５人の「評価してくれる人」を選ぶ。評価者は、上司が３割、同僚が７割程度の割合となる。この仕組みは、ＯＫＲ導入以前から導入されていたそうだ。なお今後、再び個人ＯＫＲを設定するかについては、課題となっている。

POINT

OKR運用にあたっての「ポイント」は?

ポイント❶

「OKRとは、個々の社員の仕事が、企業のミッションにつながっていることを実感させるツールだった」と大間氏は言う。

その会社ごとの「OKRを導入する意味」を明確にすれば、運用にあたっての"ブレ"も小さくなります。導入の意味を検討の上、きちんと共有しましょう。

ポイント❷

「MBOは、ある種、部門ごとに目標が"ブツ切り"になる傾向がある。……一方、OKRは、まず『目的は何か』が明確に示される。その効果が大きい」

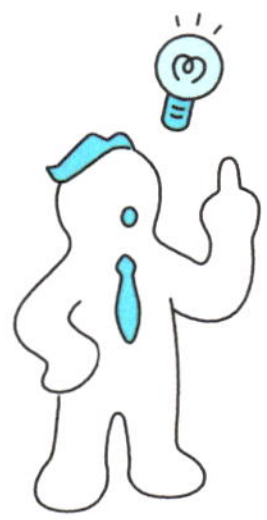

OKRの運用では、「うちの組織にはどのような仕組みが合うのか」だけでなく、「組織として何をしたいのか」を明確にするのが重要です。

ポイント❸

一般にOKRは「達成が難しい、ストレッチした目標を掲げる」のが前提だが、Sansanの場合、OKR導入以前から社内に「目標必達文化」が浸透している。

OKRのムーンショットには、70%程度達成可能なレベルの高い目標を掲げます。それを毎回達成するSansanは、猛スピードで成長していることになります。

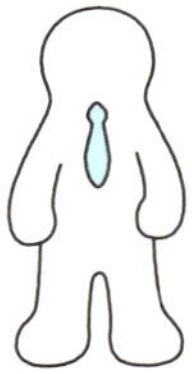

ポイント❹

これでは本末転倒だ。そのため現在は、グループのOKRまでを設定し、それをグループとして達成するやり方に切り替えた。

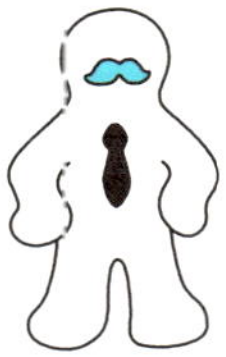

素早く目標を設定し実行フェーズに移るようにする工夫は必要ですが、それが難しければ、こうした弾力的な運用も可能です。

It happens.

OKR運用にあたっての「ある・ある」は?

ある・ある❶

現在のチームだけでは達成できない目標を立てる。

OKR達成に必要なメンバー全員を入れた形でOKRを設定しましょう。達成に必要となる他のチームのメンバーと一緒にOKRを設定するのです。

ある・ある❷

チーム内の議論だけでチームOKRを変更する。

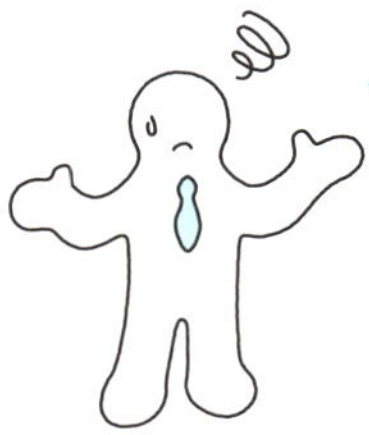

OKRを変更する際には、関係部署に説明する責任があります。チームOKRを変更するのであれば、必ずその上の部門長に承認を取るように徹底させます。

ある・ある❸

OKR未達が明確なのに、変更しなかった。

絶対に達成できないことがわかったら、すぐにOKR（多くの場合、KRだけ）を変更しましょう。変更しないと、チームの士気が下がります。

ある・ある❹

KRが行動目標になっている。

不確実性が高いときは行動目標でも良しとしてもいいでしょう（アクションが重要）。ただ確実性が高いときは、結果目標で質を追いましょう。

可視化と共有がメンバー同士の協力につながる

OKR自信度を可視化してチームの力を結集する

前に解説したように、「ムーンショット」のKRを設定する際、100%達成した状態を強いるとメンバーのモチベーションを低下させる恐れがあります。できもしないことを「必ずやれ」と押し付けられれば、やる気が低下するからです。とはいえ、「できなくても構わない」が前提になれば、誰も積極的に動こうとしません。

そのため、ムーンショットのOを設定するにあたっては「100%は達成しなくて構わない」ことを明確にする一方で、それと組み合わせるKRの設定では、モチベーション維持のために達成可能性のレベルを見える化しておいたほうがいいでしょう。

この達成可能性のレベルが、「OKR自信度」という指標です。OKR自信度には、「設定したKRを達成する自信がどのくらいあるか」を記述します。たとえば、あるOKRについて「完全にやり通す自信がある（自信度10）」のであれば、それは「ルーフショット」です。一方、「まったく歯が立たない（自信度0）」のでは、モチベーションが上がりません。「ムーンショット」の目安となるのは、「実現は難しいが、頑張ればなんとかなるかもしれない。挑戦する価値はある！」と思われるあたりでしょう。つまり、自信度5～6が〝頃合い〟となります。また自信度5～6の状況をチーム内で共有することで、メンバー同士の協力につながり、高い目標も達成できるのです。

OKR自信度の考え方

OKR自信度＝OKR目標に対して、自信を測る自己申告指標

自信度10　達成の自信が大いにある

自信度5　頑張れな達成できるかもしれない

自信度1　全く歯が立たない

達成度70%くらいを目標とするOKRでは自信度5くらいでいい

OKR自信度（例：プロノイア・グループ）

自信度　10　：プロノイア・グループのオフィスを都内につくる！

自信度　5　：プロノイア・グループのオフィスを世界10カ国につくる！

自信度　1　：プロノイア・グループのオフィスを月につくる！

メンバー個々の忙しさやモチベーションを確認

健康・健全化指標で関係者の状態をチェックする

OKRの運用フェーズでは、業務の進捗やメンバーの行動の状態を定量的に確認します。ただし、進捗や行動の状態は、当然、関わるメンバーの置かれた状態に大きく左右されます。たとえば、身体的や心理的、あるいは仕事や家庭の理由でメンバーのコンディションやモチベーションが低下すれば、当然、パフォーマンスも下がるでしょう。こうした事態を避けるためにも、リーダーはつねにメンバーの状況を把握する必要があります。

そのために使われるのが、「健康・健全化指標」です。OKRの運用フェーズでは、通常、健康・健全化指標でメンバーの状況を定期的に確認し、問題があれば、チームとしてその解決を支援します。たとえば業務の進行を妨げる〝引っかかり〟があれば、その解消を手伝ったり、現在の業務が明らかに過重でメンバーが疲弊していれば、業務の仕組み自体を変えたりするわけです。

健康・健全化指標の確認にあたっては、定期的に本人から報告してもらうだけでなく、リーダーが能動的にチェックすることが重要になります。その上では、チェックの仕組みをOKR運用のルールに組み込んでおくことが重要です。また、メンバーが互いの状態を把握しておくことで、よりよい連携やフォローが可能になります。

OKRを円滑に運用するには、メンバーのコンディションとモチベーションが良い状態に保たれていることが重要になるのです。

健康・健全性指標の例

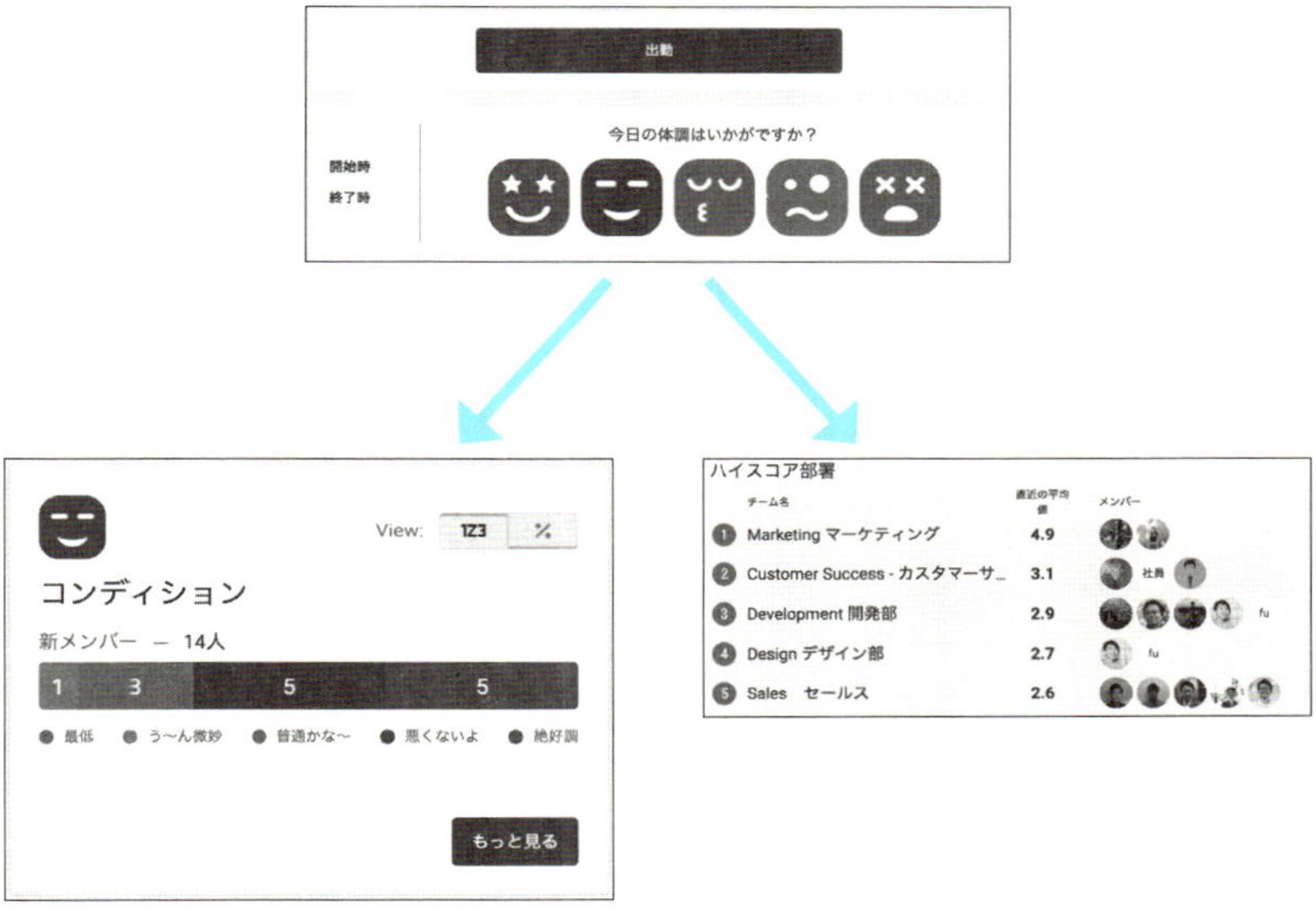

健康・健全性指標を設定する上での注意

- 毎週の定例会議冒頭で「チェックイン」時に健康・健全性指標を設定
- 最近あったことや今感じていることなどもメンバーで共有
- 業務（KRのタスク）実行状況の影響を全員が把握することで、フォローしやすい状態を作る
- デイリーに体調申告することで精神面や体調の起伏を把握する

短時間の状況共有を、改善につなげる

チェックインミーティングで達成度やOKR変更を共有する

OKRの運用フェーズでは、KRの進捗状況を確認することが非常に重要になります。確認しなければ、せっかく設定したOKRも、有効に機能することなく、有名無実化するからです。では、進捗状況はどのようにチェックすればいいのでしょう。

通常、KRの進捗状況は、チェックインミーティングで確認することになります。チェックインミーティングとは、メンバー各自が、「今、自分が何をしているか／何をしようとしているか」などを簡単に報告し合う場です。開催の頻度は、週1回程度が目安でしょう。

もちろん、リーダーとメンバーとの間で行われる1on1でも、業務の状況を確認します。しかし、それだけではメンバー相互の情報共有が進みません。一方、チェックインミーティングで確認すれば、チーム全員に状況が共有され、メンバー間での協力やフォローなども可能になります。

なおチェックインミーティングの開催頻度や形式、タイミングは、チームの業務内容に応じて変わってきて当然です。週一の朝礼のように、開催のタイミングを固定してもいいでしょうし、遠隔地で働くメンバーとは、ウェブ上のバーチャルミーティングで実施してもいいでしょう。いずれにせよ、状況の変化があれば情報を共有し、互いに協力し合うことで状況を改善することが重要なのです。

チェックインミーティングで確認すること

❶ OKRの進捗状況

会社は個人のOKR達成を支援するプラットフォームです。

❷「うまくいってること」と「うまくいかないこと」

実はうまくいっていない悪い報告の確認が最も重要です

❸「うまくいかない原因＝ボトルネック」とその解決手段

「ボトルネック解消のために、可能な支援を議論し、問題点をクリアにしよう」

ムーンショットが生み出す効果

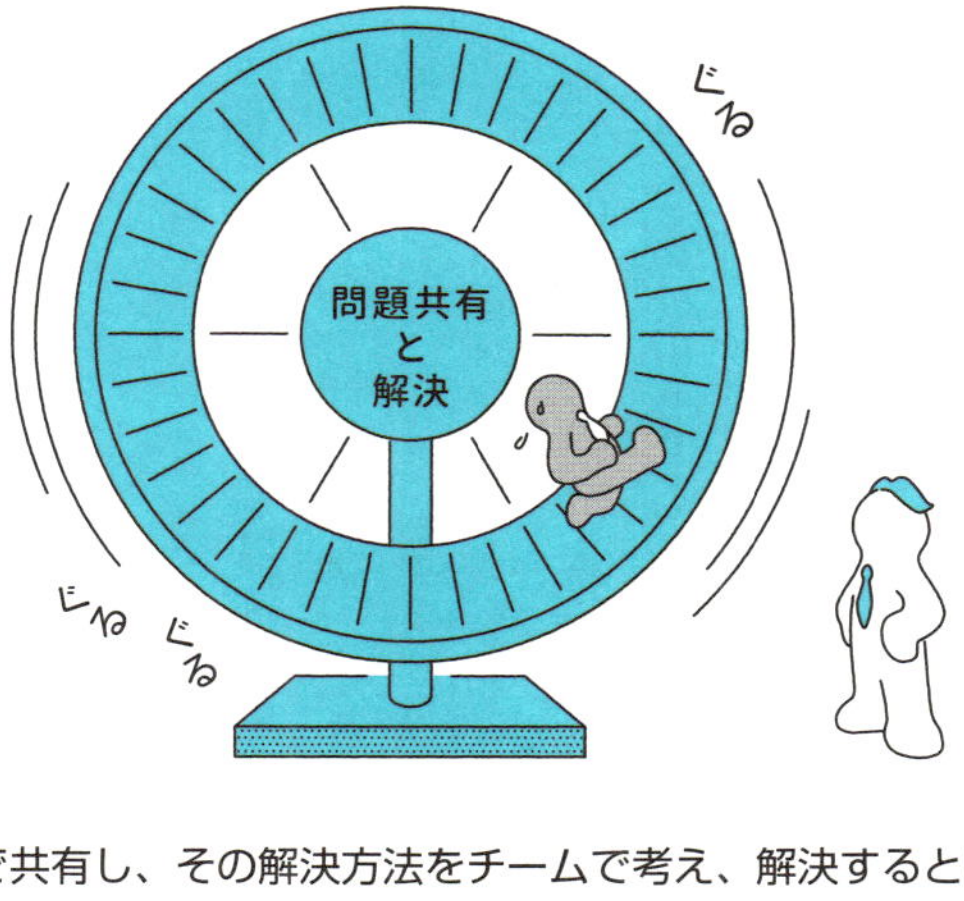

問題をメンバー間で共有し、その解決方法をチームで考え、解決するというサイクルを繰り返す

見直し前提でレビューして、実現性を担保

KRは、状況や進捗に応じて修正する

OKRは四半期に1回設定しますが、1回設定したら変更しないわけではありません。四半期の期間内でも、必要に応じて見直します。

KRを見直すのは、多くの場合、「KRレビュー」のタイミングです。KRレビューでは、通常、同じチームのリーダーやメンバーがそれぞれの立場に応じて、コメントを入れます。そのコメントに対する回答を考えることで、KRに対する取り組みを変えたり、KRを修正したりといった対応を考えるのです。

KRを修正するタイミングは様々です。たとえば、あるOに対するKRについて、当初は7割程度の実現を目指していたとします。しかし、業務の進捗状況やビジネス環境の変化などにより、達成がほぼ不可能であると判明することもあるでしょう。あるいは、思ったよりも簡単に達成できる見込みが立つこともあるでしょう。いずれの場合も、KRを見直す必要があります。また、元来、Oに紐づけられていたKRが、ビジネス環境の変化などにより関連性を失う（そのKRを達成してもOの実現に寄与しない）こともあるかもしれません。そのような場合にも、見直しが必要でしょう。

なお、「実現が難しそうだからやめる」といった、安易なKRの修正はやめましょう。重要なのは、つねにメンバーがよりよく力を投入できる〝テンションが掛かった〟状態をキープできるように変更することなのです。

KRレビューの考え方

✓ 70〜80%の達成でよし！

・達成加納な目標だけでなく、達成が困難な目標も設定する（後者は70〜80%を過達でよしとする）

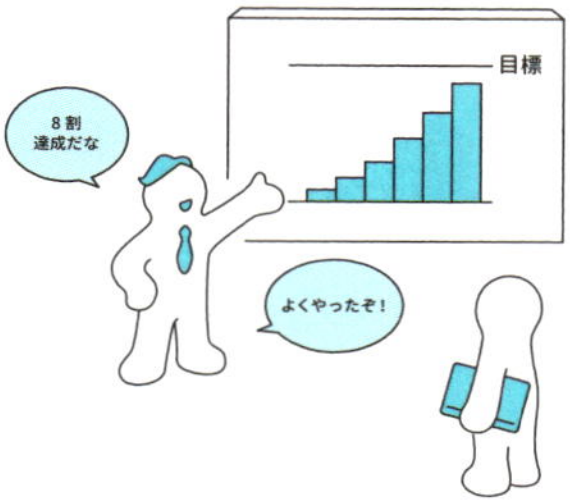

✓ OKRを頻繁に見直す！

・組織のOKRと個人のOKRをすり合わせて、頻繁に見直す

OKR設定の注意点

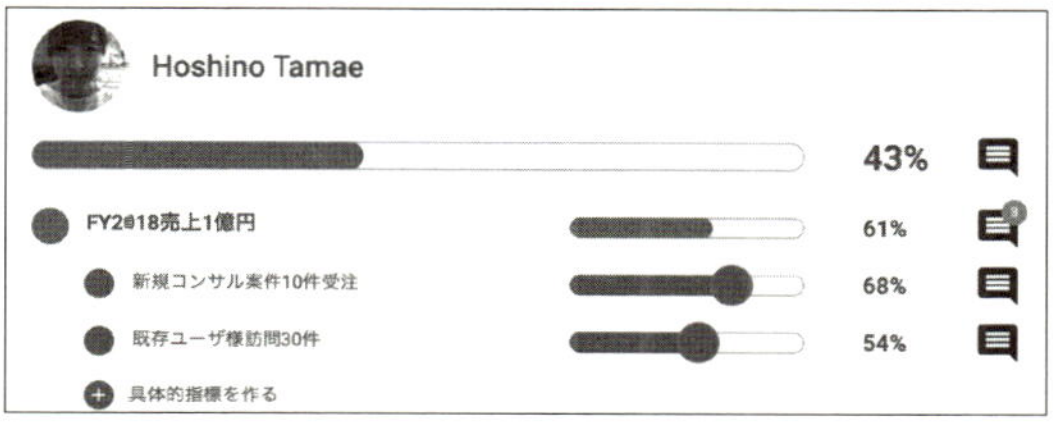

KRの達成度を目に見える形で示し、評価する

「新規案件の受注目標はもう少し下げたほうがいい」

「既存ユーザー訪問についてはは努力が足りなかったのでは？」

「具体的な指標のイメージは？」

「達成率7割にするための具体的な方策は？」

OKRと人事評価は、切り離した運用も可能

会社の目標に対する社員の貢献を重視

OKRは、「何か新しいものを作り出していく」「これまでのやり方を変えていく」など、新しい挑戦に向いています。「達成不可能なほど高い目標＝ムーンショット」を掲げる意味はそこにあるのでしょう。

一方で、OKRを人事評価に結び付けて運用するのはそれほど容易ではありません。それは、Oの難易度が部門やチームによってバラバラ、KR達成状況をどのように判断するかの考え方も様々で、定量化しにくいからです。そもそも、人事評価では、何らかの実績を給与という定量的な数字に落とし込む必要があります。しかし、人事評価に落とし込むという観点でOKRを運用すると、自由度が狭まり、良さが失われかねないのです。

実際、OKRを導入している日本企業において、現状、KRの達成状況を個人の人事評価と結び付けているところはそれほど多くありません。

人事評価と切り離して運用しても、「会社と社員が同じ方向に向かう」というメリットは損なわれません。また、「向こう傷は問わない」ことを社員に明確に示すので、「新たな挑戦が生まれる」というメリットはさらに強調されるでしょう。逆に、評価と連動させる場合には、失敗を怖れて社員が委縮することがないように工夫する必要があります。実際、人事評価に結び付けている企業も、個人ではなくチームの評価に結び付けるなど、評価の考え方は企業によってかなり差があります。

「OKRと評価」の考え方

❶ OKRは実績評価と切り離して運用すること、社内に制度が浸透した後に組み込むことも可能

「実績評価と連動しなくても成果が出るよ」

❷ OKRによる実績評価には、目標の達成度や困難さ、業績への貢献、習得スキルなども組み込める

「単純に売上・利益だけを評価しなくてもいい」

❸ 個人の実績評価が難しければ、チーム単位での実績評価とOKRを連動させてもいい

「業務の性格やチームの方針などに応じて柔軟に運用しよう」

「OKRと評価」の事例

Google

- OKR達成は評価と連動している。
- 評価を受けた社員が、自分の行動を振り返るものとして機能。

メルカリ

- 人事評価はOKR（定量評価）とバリュー（定性評価）の二軸で実施
- バリューは行動指針「Go Bold」「All for One」「Be Professional」が実践できたかで評価。
- 四半期に1度の面談で見直し。

Swipely

（30→80人に規模拡大したITスタートアップ。）

- OKRは評価と完全分離。
- フィードバックを重視し、「タグ付け」して簡易にフィードバックを伝えるシステムを採用。
- スキル育成を重視し、営業部門の社員も最低1項目はスキル目標を設定。

ステークホルダーの明確化と見える化

RACIで、実行・説明・協業・報告の責任者を明確にする

「RACI」とは、OKRの運用を支援する手法です。RACIでは、個々のOKRに対して、「Responsible（実行責任者）」「Accountable（説明責任者）」、「Consulted（協業先担当者）」、「Informed（報告先担当者）」を設定することで、誰が実行し、組織内の誰に対して完了を説明し、誰に意見を求めて協力してもらい、誰に進捗状況を報告するかを明確にします。

ここまでで説明したように、OKRの運用では、KRの進捗状況をチェックすること、OKRの達成に向けてチーム内で協力すること、必要に応じてOKRを見直し・修正することが必要になります。しかし、単にその必要性を語ったところで、誰が完了の責任を持つのか、誰が支援するのか、誰が進捗をチェックするのかを明確にしておかないと、チーム内でお見合いが発生しがちです。RACIには、それぞれの担当者を明確にすることで、こうした状況を打開します。また、RACIを一覧表にまとめることで、現在、チーム内でどのようなOKRが動いているか、誰にタスクが集中しているかも把握できます。もちろん、リーダーは基本的にチームのOKR達成の責任を負っています。しかし、すべてリーダーの責任では、負荷が高くなりすぎます。RACIを設定することで、リーダーの負担を軽減しながら、チームとしてOKRを達成するための協力体制を構築できるのです。

「RACI」の設定（例：プロノイア・グループ）

Objective	KeyResults	Responsible
ビジネス界に新しい潮流をつくる	「営業しない！」「お客様はいない！」をモットーに収益を3倍アップ	星野 

Accountable	Consulted	Informed
ピョートル 	平原 	世羅 

会社、チーム、個人のKRに対して、すべてRACIを設定する

「RACI」設定における役割

Responsible
（実行責任者）

タスク達成の実行を担う。複数のタスクに責任を持つこともある

Accountable
（説明責任者）

タスクもしくはプロジェクトの全責任者。外部からの問い合わせに対応する（窓口は1つ）

Consulted
（協業先）

意見を求められる者。双方向の対話が必要になる

Informed
（報告先）

進捗を常に把握する者。基本的に一方向の報告となる

RACIを設定することで、会社レベルでは役割を明確にしてタスクが宙に浮くのを防ぎ、個人レベルでは周囲のメンバーの協力・支援を得ながら、タスクを進められる

コラム3

「スピード感」はつねに課題となる

ケースでも見たように、OKR運用にあたっての大きな課題は「スピード感」です。OKR導入は、ミッションを明確化し、「そのミッションを実現するために、自分は＊＊をやっている」という納得感を各自に持ってもらう上でプラスに働きます。しかし、個人OKRの設定まで持っていくと、時間がかかり過ぎてしまいがちです。

むしろ「もっとスピード感を持って進めたい」にもかかわらず、メンバー全員にOKRを設定させると、その擦り合わせでどうしても時間がかかる。そのため、個人のOKR設定を諦めるという選択肢は確かにあるでしょう。

また運用にあたって、KRが達成できないこともあるかもしれません。そんなときも、達成できないことを責めるのではなく、「どうすれば達成できるか」を考えさせ、「なぜそれを達成しなければならなかったのか」を問い直し、場合によってはあっさりと切り替えてしまってもいいでしょう。実際、「ウチの会社は、昨日“黒”と言ったことを、今日“白”と言ったりするんですよ（笑）」（Sansan執行役員大間佑太氏）というように。カンパニーOKRはともかく、個々人のOKRについてはかなり柔軟に変更している会社も珍しくありません。同社が、個人OKRをあえて設定しないのも、ある意味、当然かもしれません。

4章

OKR運用ではなぜ1on1が重要なのか

Case 4

OKRと1on1の連動で社員の自己実現と学びを実現

【事例企業】プロノイア・グループ(http://www.pronoiagroup.net)

「新しい組織のあり方」の実験場＝プロノイア・グループ

プロノイア・グループは、元グーグル・アジアパシフィック人財・組織開発責任者のピョートル・フェリクス・グジバチが日本で創業し、代表取締役を務める会社だ。会社が掲げるスローガンは「未来創造」。社名となっている「プロノイア」とはちょっと耳慣れない言葉だが、もともとギリシャ語で「先読み」「予想」という意味である。

同社では、ＢｉｚＤｅｖコンサルティングやコーチング、ワークショップなどを通じて、企業の組織改革、パフォーマンス向上、人材育成といった組織課題の解決に取り組んでいる。というと、コンサルティング会社のように思えるが、その姿勢は他社と一線を画す。

通常、コンサルティング会社は、「クライアント」から相談された課題に「答え」を提示する。一方、プロノイア・グループの場合、「答え」を一方的に提示することはなく、相手先企業と一緒に答えを見つけるアプローチを採る。そのため、「クライアント」ではなく「パートナー」と呼ぶ。これは、ピョートルという創業者の思想や彼の組織や人事に対する考え方によるところが大きい。つまり、「一緒に歩むことがパートナーの未来を築く」と考えているのだ。

組織のあり方も独特だ。

まず会社の正社員は代表のピョートルを入れて6人だが、そのほか副業で関わる人が6人、学生インターンが2人在籍している（2019年5月現在）。一応、CEO（ピョートル）やCOO（星野）はいるが、職位や雇用形態による業務責任に差はない。全員がフラットな関係で、仕事範囲、発言範囲に制限がない。パートナーとの関係同様、どちらが上ということはなく、「志を同じくするメンバーと一緒に歩む」スタイルであり、各人のリーダーシップが会社を動かしている。

そもそも、ピョートル自身、「社長」として発言することがない。それどころか、ピョートルの提案に対して、「ピョートルがこう言っているんだから、やってみようよ」と星野が言うと、メンバーから「そういうのはやめましょう」と否定されたそうだ。

報酬も、基本、全員フラットでオープンだ。当然、正社員は全員、互いの年収を知っている。そもそも、報酬に連動する評価制度がない。

また同社では一つのプロジェクトに対して2人一組であたる「バディ制度（ペア・ワーク）」を採る。これは、複数の視点からプロジェクトにあたるという目的とともに、一人で抱え込むリスクや休みを取りやすくする狙いがある。これもまた、この規模の会社としては稀だ。

すべてが一般的な「カイシャ」のイメージから外れている。

▼会社のあり方を議論する「プロノイア〜ず」

同社がOKRをはっきりとした形で導入したのは2017年と新しい。それまで会社としての輪郭が明確でなく、正社員が入ってきてある程度「組織」の形になり始めたのがその頃だったからだ。その意味では、「組織作り」とほぼ並行してOKR導入を進めてきたことになる。

とはいえ同社にとって、OKRは、「組織としての体裁を整えるもの」ではない。あくまで「一人ひとりが自己実現できる会社を作るための目標管理」という意味合いが強い。それは、同社が「カルチャー・ファースト」を前提としているからかもしれない。一人ひとりの自己実現を一番に考えたとき、会社のあるべき姿は、各人がカルチャーを持ち寄り、自己実現を目指すプラットフォームとなる。当然、OKRに設定するものも、「売上＊＊」ではなく、「会社のあり方」だろう。売上は、あくまで手段に過ぎず、本質的な目標にはなり得ないからだ。

現状、各人のOKRの共有はできているが、OKRのレビューに課題があるという。つまり、KRの達成状況の把握や状況に応じた支援の提供が十分ではないと感じているそうだ。積極的にかかわる姿勢を見せられるかは、人によるばらつきが大きいからだ。そのため現在は、OKRの見える化ツールを導入し、OKRを管理するだけでなく、日々のハイライトや申し送り事項を共有している。特に、「助けてほしいこと」を注意喚起する目的で、誰もが書き込み、コメントできる機能「スニペッちゅ」（注：情報の一部を検索結果に表示させる「スニペット」にならって、毎週の出来事を小出しに共有することを可愛く言い換えたもの）の試行も始めているそうだ。

また、プロノイア・グループでは、毎週1度、全体会議「プロノイア〜ず」を開いている。そこでは、元々、案件の共有、連絡事項の伝達などが議題の多くを占めていた。しかし、「情報共有のために、わざわざ顔を突き合わせる必要はない」ことになり、最近、「本当にきちんと議論する必要があること＝会社のあり方」を取り上げるようになってきている。

直近では、「報酬」や「評価」がしばしば議題に登る。「報酬に連動する評価制度がないのもそろそろ限界」「報酬はどのような貰い方がいいか」という意見が出るようになり、その一方策として、社員が互いにインセンティブを送り合う「ピア・ボーナス」や「アワード（賞）」の導入を検討している。これは、バディ制度は残しつつも、一人ひとりの貢献度を報酬に反映させるしくみである。たとえばアワードでは、半期ごとに「ベスト・オブ・＊＊」などの形で個人を表彰し、その〝点数〟をマイレージとして貯められるようにする。点数がある程度たまれば、それぞれが希望する形での報酬に引き換えられる。休暇に引き換えれば、「サバティカル（長期休暇制度）」をとって、海外留学も可能になるかもしれない。

「プロノイア～ず」では、組織運営の様々な仕組みに関する議論が行われており、それを実験的に試してみることで、プロノイア・グループは「どのような組織のあり方が自分たちにとって望ましいのか」をつねに模索している。ＯＫＲの管理を担当する星野氏は、「私たちは単純にお金で働いているのではなく、学びの機会としてこの会社にいる」と言う。

▼ 1on1の使い方

プロノイア・グループにおいて、1on1はＯＫＲ導入以前、会社に正社員が入った当初から行われてきた。１ｏｎ１のなかで上がってきた「自分が何をしたいのか」を踏まえて、ピョートルがグーグル時代に慣れ親しんだ、ＯＫＲを導入することにした。１ｏｎ１が先、ＯＫＲが後というわけだ。

１ｏｎ１は、代表であるピョートルと正社員各人との間、そして正社員と副業およびインターンとの間という形で行われる。

前者は週に１回。社員１人ひとりが、ピョートルのスケジュール表の空き時間に１ｏｎ１の「予約」を入れ、さらに話したいことについてのアジェンダを添える。ピョートルとの１ｏｎ１は、最低１時間程度。その間、社員が話す時間は約８割、ピョートルが話す時間は２割程度だという。ピョートルはもっぱら聞き役に徹するのだ。

一方、副業で働く人の多くは、日中、プロノイアの仕事にコミットできない。そのため、仕事のコミュニケーションは基本オンライン上で行われ、対面で話せない週もある。週に１度の全体会議である「プロノイア～ず」への出席が難しい日も多いので、副業者との１ｏｎ１にはそうした機会を補う意味もある。副業やインターンとの１ｏｎ１は、担当者に設定された正社員がそれぞれの制約に応じて時間を決めて実施する。

１ｏｎ１で話し合う内容は、「この先、どのようにプロノイアにかかわっていくか、かかわっていきたいか」や「プロノイア～ずで議題に上ったカンパニーＯＫＲ」と、「副業者個人のＯＫＲ」とのすり合わせなどだ。１ｏｎ１実施の頻度は、おおよそ週に１回。両名の都合次第で、夜にどこかで落ち合って食事しながらというケースもあれば、オンラインで済ますケースもある。また、副業の者やインターンに関しても、必要に応じてピョートルが面談することもある。

傾向として、副業・インターンとの1on1では、現在やっている業務に則した話が中心になる。具体的には、仕事に対する姿勢や進め方、プロノイアに関わることで得たい学びや自己実現の機会などを話し、その上で求められるアウトプットのレベル感などをすり合わせるのだ。一方、ピョートルと正社員との1on1では、会社運営にかかわる話題が多くなる。

1on1の効果にはいろいろなものがあるが、最も重要なのは「うまく行っていないことに関して、そのまま伝えられる」点ではないかと星野氏は語る。「どうしてもここから先に進めない」「ここが滞っている」という話題は、通常、なかなか言い出しづらい。しかし、早期に問題の存在を明らかにしてもらうことが、支援体制の構築と解決につながる。

1on1の場には、そこでの発言が個人攻撃につながらない、「言い出しづらいことを言える雰囲気」が重要になる。つまり、心理的安全性が、よりよい1on1の運用にとって欠かせないのだ。

POINT

OKRと1on1を連動させるときの「ポイント」は?

ポイント❶

プロノイア・グループにおいて、1on1はOKR導入以前、会社に正社員が入った当初から行われてきた。……1on1が先、OKRが後というわけだ。

1on1の導入には、必ずしもOKR導入は必要ありません。1on1単体でも導入可能です。ただ、OKRの導入には、1on1導入が必須となります。

ポイント❷

社員1人ひとりが、ピョートルのスケジュール表の空き時間に1on1の「予約」を入れ、さらに話したいことについてのアジェンダを添える。

イラスト図解部分でも解説しているように、1on1は、メンバーがミーティングと議題(アジェンダ)を設定するのが原則です。

ポイント❸

ピョートルとの1on1は、最低1時間。その間、社員の話が約8割、ピョートルの話は2割程度だという。

1on1では、メンバーの抱える課題を浮き彫りにするのが狙いです。したがって、「リーダーが一方的に説教」してはかえって逆効果になります。

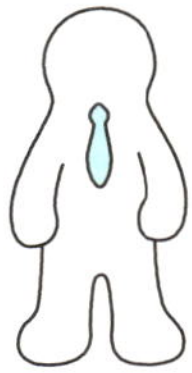

ポイント❹

1on1の場では、そこでの発言が個人攻撃につながらない、「言い出しづらいことを言える雰囲気」が重要になる。

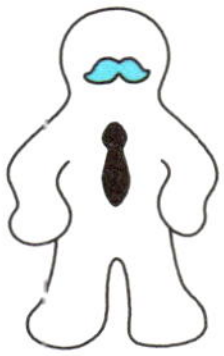

1on1をきちんと運用するには、リーダーとメンバーとの間に「安心して問題を吐露できる」という雰囲気、つまり心理的安全性が確保されていなくてはなりません。

It happens.

OKRと1on1を連動させるときの「ある・ある」は?

ある・ある❶

メンバーが職場の不満ばかりをぶつけてくる。

1on1は、メンバーのガス抜きの場ではなく、仕事上での課題を把握し、その解決を支援する場です。少しなら問題ありませんが、本来の目的を伝えましょう。

ある・ある❷

忙しいと、1on1ミーティングをスキップする。

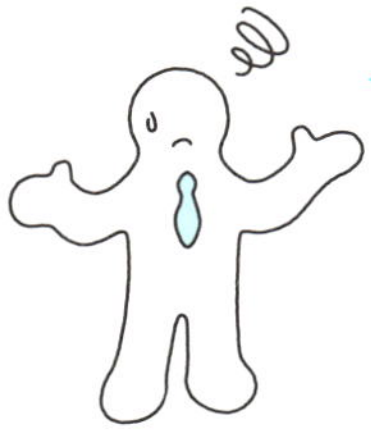

1on1は定期的に実施して初めて、効果を発揮します。通常は週1回、少なくとも2週間に1回程度は実施して、OKRの達成を支援しましょう。

ある・ある❸

リーダーが一方的にアドバイスする場になっている。

1on1において一方的にアドバイスするリーダーは珍しくありません。しかし、本来やるべきは本人の話を聞くことで、課題を認識させ、解決手段を考えさせることです。

ある・ある❹

アジェンダが準備されてない。またはアップが直前。

1on1を実りある時間にするには、事前の準備は欠かせません。優先順位を付けたアジェンダを遅くとも前日には、リーダーに送付しましょう。

定期的なコミュニケーションによる信頼関係の構築

1on1を有効に機能させると様々な効果が生まれる

「1on1ミーティング（以下、1on1）」とは、その名の通り、基本、リーダーとメンバーが1対1で実施する定期面談です。日本ではヤフー！がいち早く全社導入して人材育成に成果を上げるなど、近年、注目が集まっています。本来OKRと1on1はそれぞれ別の仕組みです。しかし、OKRを導入するほぼすべての企業が、1on1を並行して運用しています。

1on1を実施する頻度は職場によって様々ですが、週1回が理想とされています。1on1で話し合われる議題は、主に、メンバーの業務の進捗状況です。特にOKRと組み合わせて運用する場合には、「期間内にKRを達成するには、現時点でどの程度の達成率が望ましいか」「現状、どの程度の達成率か」「予定よりも達成率が低い場合、その理由は何か、挽回は可能か」「目指すべきOに対して、KRは現在も適正か」などを話し合います。その上で、必要に応じて他のメンバーやリーダーの支援の必要性なども打ち合わせるのです。

1on1は、「リーダーがメンバーを呼びつけて話をする」ためのものではなく、「メンバーが自らの課題をリーダーに相談する」ためのものです。リーダーは〝気付き〟を与えることで、メンバーのパフォーマンスと業務効率を向上させ、ひいては自己実現と成長につなげます。それに伴って、メンバーのOKRへのコミットが向上するのです。

OKRと1on1を併用する効果

【効果❶】パフォーマンスが上がる

KR達成に向けた課題について気付きを与える

【効果❷】会社と個人が同じ方向に向く

会社のOKRと方向が揃っているかを考えさせる

【効果❸】業務効率が向上する

課題解決を支援することで業務を効率的に進められるようになる

【効果❹】自己実現と成長につながる

課題を解決し、KRを達成することで成長する

建設的な意見の対立がチャレンジを生む 1on1と心理的安全性はセットで考える

1on1において、メンバーに気付きを与えるには、業務の進捗状況や抱えている問題を正直に話してもらわなくてはなりません。しかし実際には、リーダーに進捗や問題を包み隠さず報告することに、多くのメンバーは抵抗を覚えます。でももし、報告すべきことを隠したり、虚偽の内容を報告したりすれば、1on1の意味は薄れるでしょう。

そのため1on1の運用では、メンバーが「包み隠さず報告し、相談できる状態」が何よりも重要になります。そのために重要なのは、「包み隠さず話をしても、ネガティブなプレッシャーを受けない」とメンバーが信じることです。こうした状態は一般に、「心理的安全性」と呼ばれます。

心理的安全性の維持は、「言うは易く行うは難し」の典型です。たとえば、1on1を通じて、リーダーはメンバーの仕事の進め方だけでなく、仕事の姿勢や考え方についてもより深く知るようになります。場合によっては、その〝知り得た事実〟に基づいて、部下をよりコントロールしたいと考えるかもしれません。たとえば、進捗がはかばかしくない場合、別のやり方でやるように強要するなどの行為です。しかし、こうした行為は、心理的安全性を損ないます。

1on1では、「どうすればよいか」と投げかけメンバー自身に考えさせることが重要なのです。

心理的安全性とは

社員が社内でネガティブなプレッシャーを受けず自分らしくいられると感じる状態。あるいは、同僚と互いを高め合い建設的な意見の対立が推奨される状態

たとえば、

「新しいことにチャレンジすることに、リーダーやメンバーが協力的」

「職場で周囲がネガティブなプレッシャーを受けない」

「チーム内の意思決定では全員の意見が尊重される」

心理的安全性の効果

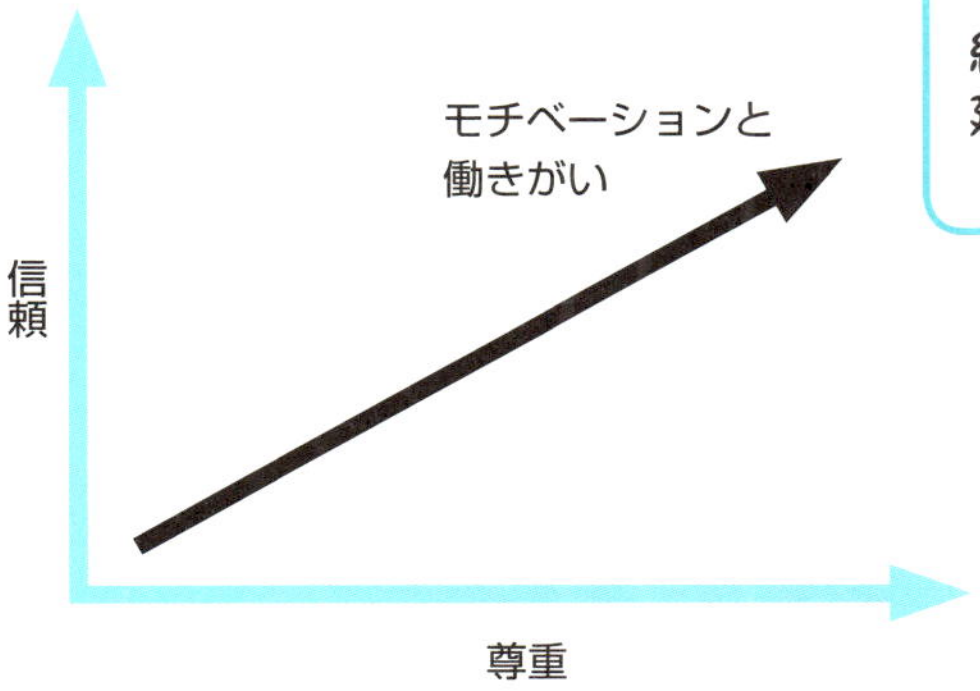
モチベーションと
働きがい
信頼
尊重

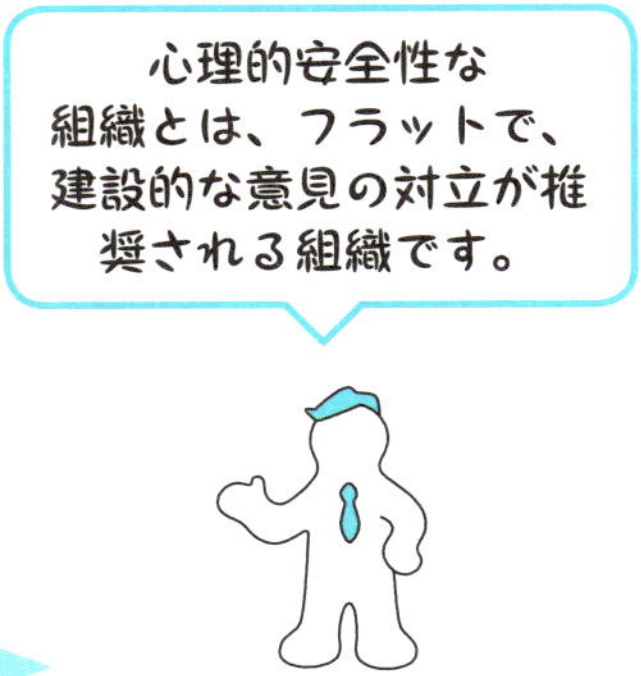
心理的安全性な
組織とは、フラットで、
建設的な意見の対立が推
奨される組織です。

会社が社員を信頼し、尊重することで、社員の会社に対する信用が高まり、心理的安全性を感じる

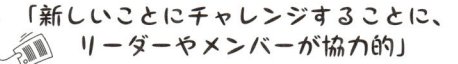

1on1ミーティングは、メンバーが設定する

「リーダー→メンバー」ではなく「メンバー→リーダー」で運用

1on1はメンバーにとって、ミーティングを通じて自らの状況を整理し、気付きを得るために実施します。そのため、1on1ミーティングのセッティング自体も、メンバーが自ら設定するのを基本としなくてはなりません。

1on1は週1回程度、実施するのが理想です。ある程度、業務スケジュールが固定されている職場であれば、決まった曜日の決まった時間にセットしてもいいでしょう。

また、最長でも1時間程度と、1回に割く時間はそれほど長くなくても構いません。特に多くのメンバーと話をするリーダーはかなり時間が取られるので、「決められた時間を守る」のではなく、報告・相談が済めば早めに切り上げてもいいでしょう。

ミーティングの形式も、仕事内容や勤務形態によって変わってくるはずです。直接顔を合わせて実施するのが理想ですが、難しければ、オンラインで済ませても構いません。場合によっては、相談に乗る感覚で、お茶を飲みながら（場合によっては軽くお酒を飲みながら）、実施してもいいでしょう。

「メンバーが主体的に設定する」「コミュニケーションはきちんと取りながらも、無駄に時間を費やさない」「互いにフランクに話す」のが、1on1の基本の基本姿勢なのです。

1on1の考え方

【考え方❶】メンバーによるメンバーのための時間

会社やリーダーが主導する形のミーティングでは効果が上がらない

【考え方❷】時間や場所を限定する必要はない

議題が終われば早めに切り上げてもOK。食事やお酒の場で実施することもある

【考え方❸】前日午前中までにアジェンダを設定

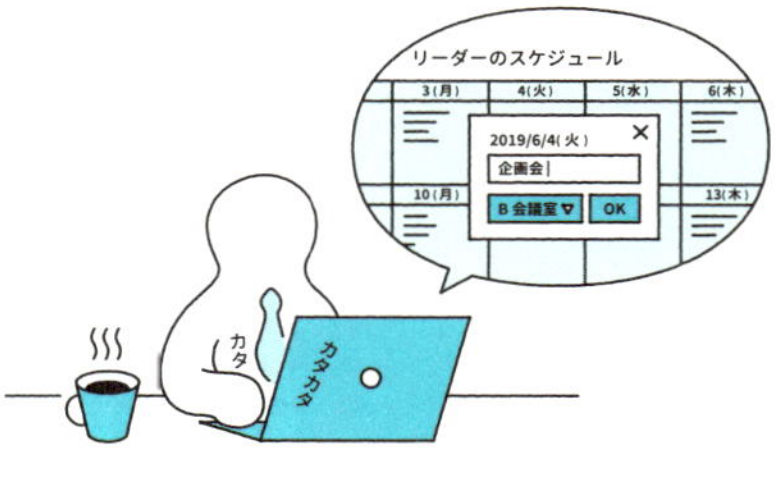

メンバーがアジェンダを設定しないと、リーダーがミーティングをスキップすることもある

【考え方❹】「チェックイン」から始めて、本題へと進む

一般的な話題でリラックスさせた上で、本題に入る

話を引き出しながら、気付きにつなげる

1on1では、報告し、意思決定し、共創し、内省を促す

OKRと1on1をセットで導入する場合、1on1でOKRの進捗を確認しますが、それだけでは十分でありません。リーダーは同時に、OKRの意味をつねに問い続けなくてはなりません。たとえば、OKR導入の目的の1つに「組織と個人を同じ方向に向く」ことがあります。つまり、メンバーのOKRはチームや会社のOKRと紐づけられていなくてはなりません。1on1において、リーダーはメンバーに、チームのOKRに自身のOKRが組織にどのくらい貢献できているかを考えさせる必要があります。その上で、不足していればどのように対処するかを決めさせます。一方で、OKRの達成はメンバー自身の自己実現につながるのが理想です。1on1では、そのための気付きを与えることも求められます。またメンバーのOKRは、他のメンバーのOKR、チームのOKRなどに影響を与えます。そのため、リーダーは連携が取れているかを確認しなくてはなりません。メンバーとの話を受けて、連携を支援したり、進捗の遅れを他のメンバーに伝えたりなどの役割を果たすわけです。さらに、現在のビジネス環境とKRとの間に齟齬が生じていないかも確認し、必要に応じて修正を支援します。

重要なのは、進捗状況を把握するだけでなく、メンバーに仕事の意味を理解させ、今後の行動に対する〝気付き〟を与えることなのです。

1on1の考え方

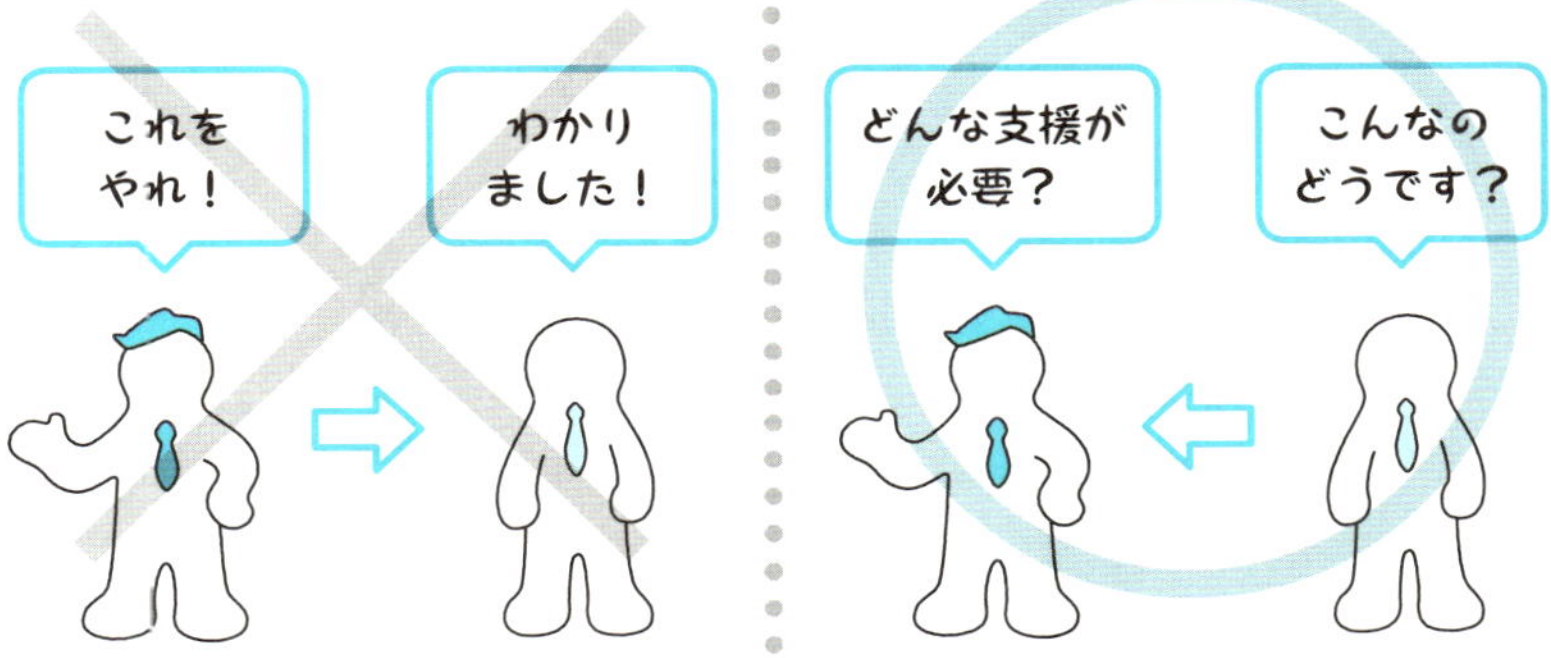

レベルによってコメントは変わる。レベルが低ければ、目標を下げたり、別の提案をしたりする

1on1で聞くべきこと

1on1は互いの取り組みやチャレンジを理解し合い、支援する、そのためのコミュニケーションツールの一つ。これまでは言えなかった夢、チャレンジ、野望などを職場で堂々と宣言してもらおう

最小限の時間で最大限の効果を狙う

アジェンダには、優先順位とアウトプットを記入する

1on1がリーダーとメンバー双方にとって、過度な負担にならず、限られた時間内で望ましい効果を得るには、テンポよく話を進めなければなりません。そのために欠かせないのが、アジェンダの事前作成です。

誤解されがちですが、1on1においてアジェンダを作成するのはメンバーの役割です。1on1設定にあたり、ミーティングにおいて話し合う議題をあらかじめリーダーに送るのです。アジェンダには、ミーティングで取り上げる議題を優先順位順に一覧で示します。OKRを運用している場合、1on1のアジェンダには、メンバーのKRの進捗状況、KRの内容、今後の具体的な行動プラン、必要な支援などの議題を記載します。このうち、支援要請、行動プランなどについては、「*月*日までに」などと期限を設け、その可否についても話します。

リーダーは事前にアジェンダに目を通し、取り上げる議題を把握し、必要に応じて情報を他のメンバーと連携します。また、アジェンダが話し合うべき水準に達していなかったり、そもそもアジェンダが事前に作成されていなかったりしたら、練り直しを求めたり、1on1自体をキャンセルしたりしても構いません。

なお、メンバーはアジェンダをまとめる過程で、ある程度自分の置かれた状況や問題点を把握できます。つまり、1on1の大きな目的である「気付き」は、アジェンダ作成時にすでに始まっているのです。

1on1のアジェンダ（例）

①　②　③　④　⑤

【報　　告】❶ 今週のプロジェクト進捗の報告（10分）

【意思決定】❷ A社への年間提案事項を決める（15分）→資料添付あり

【意思決定】❸ 案件Bの企画書決定（15分）→資料添付あり

【創　　造】❹ ○月○日社外イベントの内容作り込み（20分）

【創　　造】❺ C社研修内容の方向性ディスカッション（10分）

【内　　省】❻ 最近の成功・失敗体験で学んだこと（プライベート含む）（20分）

【報　　告】❼ 資料D、E、Fの資料確認を期限までにお願いします（1分）
→資料送付済み、締め切り：○月○日まで

①議題は期待するアウトプットの種類がわかるように書く
②議題は優先順位順に並べる
③議題ごとにおおまかな所要時間を記載する
④必要資料は事前に共有する
⑤今話すことと、あとでやるべき作業とを分ける

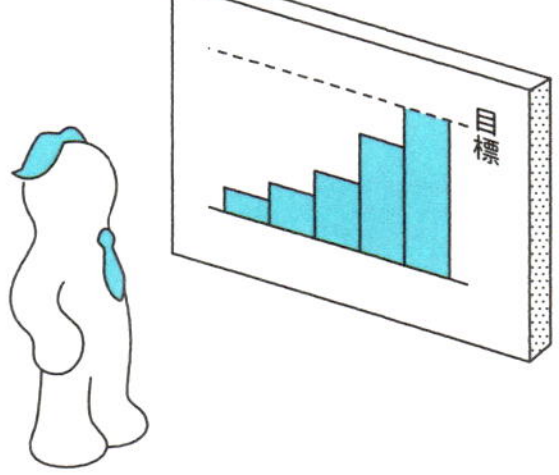

ＯＫＲ達成への取り組みとＯの有効性を確認する

１ｏｎ１との連動でＯＫＲは機能する

１ｏｎ１において、メンバーが問われるＯＫＲの意味と進め方は大きく分けて３つです。１つは、組織あるいはチームのＯＫＲ達成における自らの貢献です。つまり、「自らのＫＲの進捗が組織やチームのＯの達成にどれだけ寄与しているか」です。それによって、ＯＫＲが組織にとっての有用性が決まってきます。

２つ目は、ＯＫＲ達成に向けた他のメンバーとの協力体制です。仕事は基本的に、１人だけではできません。他のメンバーの協力を受けることも非常に重要になります。きちんと支援を受けられれば、ＯＫＲはそれだけ早く達成できるからです。

３つ目は、「ＯＫＲがいまも有効か」の確認です。ビジネス環境の変化、会社の方針変更など、業務を取り巻く環境はつねに変わっています。「自らのＯＫＲが現在も組織やチームのＯを達成する上で有効か」は、つねにチェックしていなくてはなりません。もし有効でなければ、すぐにＯＫＲ（特にＫＲ）を修正します。

ＯＫＲの運用フェーズでは、１ｏｎ１において上記３つをつねに問い続けます。これはまた、「ＯＫＲをいかに実際の行動に結び付けるか」においても有用です。逆に言えば、１ｏｎ１は、ＫＲの進捗状況を確認し、ＯＫＲの意味を問い続けることで、メンバーの行動を促しているのです。その意味でも、１ｏｎ１はＯＫＲにとって必要不可欠と言っていいでしょう。

1on1で確認するOKR達成への取り組みとOの有効性

❶ OKR達成へ向けたあなた自身の貢献

・十分な時間を使ったか？
・十分なスキルやナレッジがあるか？
・有効な戦略や計画が立てられているだろうか？
・必要な予算は集められている？
・正しい選択/判断ができている？

❷ OKR達成へ向けた他者の協力

・チームのメンバーや他部署のメンバーの協力を得ることができたか？
・彼らは十分なスキルやナレッジを持っている（た）か？
・チームは最大限協力し合えたか？
・協力メンバーは正しい選択/判断ができているか？

❸ 目標の有効性

・現在のObjectiveやKey Resultsは部署や会社のOKR達成に繋がっているか？
・優先順位は正しいか？
・四半期ごとの計画はこれで良いか、それとも見直すべきか？
・自分だけでなく部署や会社のOKR達成にも意識を向けられているか？
・現在のOKRを達成することは、本当に社内だけでなく顧客や社会への価値にも最終的に繋がっているか？

コラム4

Hameeはどのように1on1を設定したのか

ケースで取り上げたHameeにおいても、OKR導入と前後して、1on1を導入しています。

Hameeでは、通常の部署で週に1回、時間に余裕が取りづらいコールセンターなどでは月に1回設定、1on1を導入しているそうです。時間は30分から1時間、基本的にレイヤー（階層）が1つ上の上司と実施しています。マネージャーであれば執行役員と、通常のメンバーであればマネージャーやサブマネージャーと実施するわけです。

1on1を進める上で苦心しているのが、上司との相性です。たとえば、それまではうまく回っていた1on1が、組織変更で上長が変わった途端にうまく回らなくなることがあります。すると、部下から1on1のやり方や内容に不満が出てくるそうですが、これは、必ずしも変わった後のマネージャーの責任ではありません。1on1のやり方の不備というよりも、原因が上司との相性的に起因するケースが多いからです。

実際、1on1を開始するにあたり社内でアンケートを取ったところ、「コミュニケーションに時間を取ってもらえるのはありがたい」という意見がある一方で、「（無意識的にも）上長が求める答えを言おうとしてしまう」などの危惧もあったそうです。

会社としてよりよい1on1の進め方についての教育が、現時点ではまだ行き届いていない面もあるため、こうした不満を解消することは、今後に向けての重要な課題となるでしょう。

5
章

OKRは企業の何を変えるのか

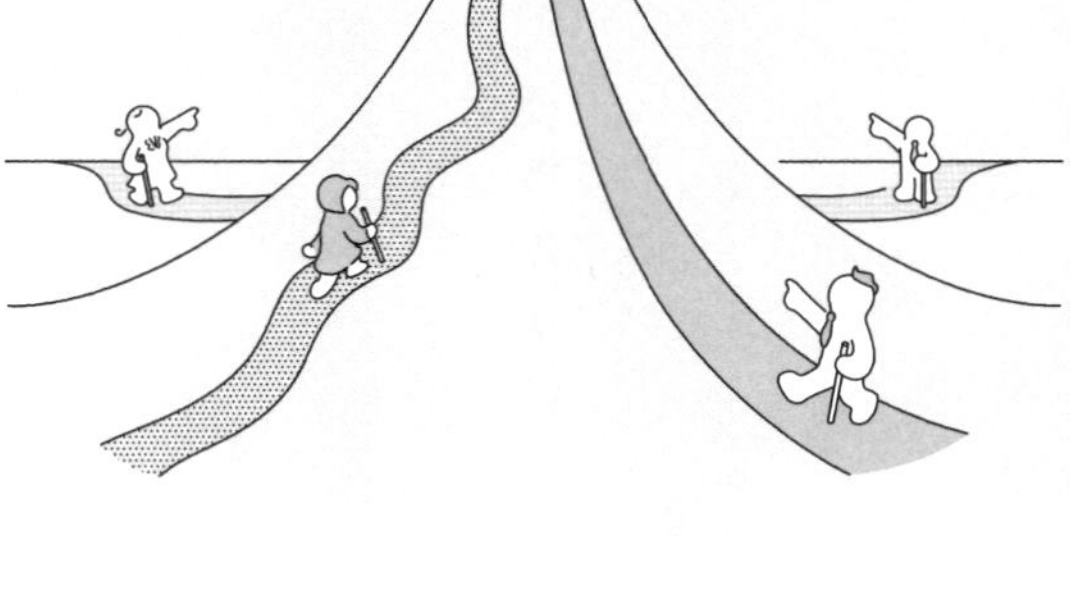

Case 5

会社とチームの目標が一致すると「余計な議論」がなくなる

【事例企業】ユーザベース（https://www.uzabase.com/）

▼会社の戦略と現場との乖離がブレーキに

2008年4月1日に創業したユーザベースは、「経済情報で世界を変える」をミッションとして、企業活動の意思決定を支える情報インフラを提供している。事業の柱は、企業・業界情報の検索プラットフォームである「SPEEDA」とソーシャル経済メディアの「NewsPicks」。なお、「NewsPicks」の運営組織は、2015年に別会社化され、株式会社ニューズピックスとなっている。

カンパニー制を採る同社では、全社一括ではなく部門単位でOKRを導入している。OKRを最初に導入したのは、「SPEEDA」の日本向けサービス部門。導入されたのは2016年下期のことだが、そのきっかけは前年に遡る。2015年末、SPEEDA日本では、売上目標が未達になる事態が発生した。目標まで99％という到達直前の数字とはいえ、100％以上の達成を是としている同社にとって、それは決して小さくない問題だった。

原因は、「会社の戦略と現場の意識との乖離」だ。当時、ユーザベースは「アジア事業にフォーカスする」という戦略を打ち出していた。しかしSPEEDA日本には、日本市場のユーザーから、他のアジア市場のユーザーとは異なるニーズが寄せられる。日本の開発チームは、圧倒的にユーザー数の多い日本からの要望に応えたい。しかし、全社方針である「アジア事業にフォーカス」に従う必要があり、十分な対応ができない。

この事態を、どのように打開するべきだろう。全社のゴールとチームのゴールとの整合性が取れていないため、優先順位を付けるなど、タスクの交通整理が必要なのは明らかだ。しかし経営トップが優先順位を決めて、現場がそれに従うだけでは、現場のモチベーションを維持できないし、チーム間の協業も生まれない。何よりも、それはユーザベースらしくない。

そのため、当時SPEEDA日本を統括していた佐久間衡氏（現在はグループ企業であるFORCAS代表取締役 兼 ジャパンベンチャーリサーチ代表取締役）は、これまで全社共通だったアナリストチームや開発チームなどを地域単位に分けて、ターゲット市場のニーズにフォーカスできるようにした。組織体制を刷新したのだ。

体制刷新の目的は、現場で迅速に意思決定し、各地域のユーザーニーズに応じて価値を提供すること。しかしそのためには、新たな組織を〝うまく動かす仕組み〟も必要になる。それがOKRであり、1on1だった。2016年下期、SPEEDA日本はOKR導入に踏み切った。

一筋縄ではいかなかったＯＫＲ導入

ただ、実際の導入は一筋縄にはいかなかった。ＯＫＲ導入にあたり、佐久間氏は、米国の有名Q&Aサイト「Ｑｕｏｒｒａ」で大量の情報を読み込んだという。すると、米国においても「ＯＫＲのあるべき姿」についての意見はバラバラで、宗教論争のような議論も起こっていた。そして多く人がＯＫＲのコンセプトには賛成しているが、実際の導入には苦労していた。

これらの情報から「どんな組織にも有効なＯＫＲは存在しない」ことに気付いた佐久間氏は、「まずは導入してみて、早く失敗して早く作り直す」という方針を立てる。最初から成功するわけはないので、失敗前提で時間をかけて「自分たちなりのＯＫＲを作ろう」と考えたのだ。実際、ＳＰＥＥＤＡ日本にＯＫＲを導入してから、ＯＫＲ的な考え方が組織に完全に定着するまで、1年半以上の年月を要したそうだ。

ただ幸運だったのは、ユーザベースが「共通の価値観」として掲げる、次の「7つのルール」が「ＯＫＲと非常に親和性が高かった」ことだ、と佐久間氏は語る。

ユーザベースの「共通の価値観」

ルール❶　自由主義で行こう
ルール❷　創造性がなければ意味がない
ルール❸　ユーザーの理想から始める
ルール❹　スピードで驚かす
ルール❺　迷ったら挑戦する道を選ぶ
ルール❻　渦中の友を助ける
ルール❼　異能は才能

このルールは、ユーザベースの社員数が30名を超え、社員の〝行き違い〟が生じるようになった頃に作られた。その目的は、多様な考え方、多様な才能を活かしつつ、社員の方向性を揃えることだ。現在、このルールは、ユーザベース社員の行動指針となっている。

このルールをOKRと比較検討したところ、ルール①、②はオーナーシップ。ルール③、④はコミットメント、ルール④、⑤はストレッチなど、すべてOKRのキーワードに結び付くことがわかった。つまり、OKRとユーザベースの「企業文化」とは非常に相性が良かったのだ。

ではOKR導入で、SPEEDA日本にはどのような変化が生まれたのだろう。その変化を、佐久間氏は「ＯＫＲは〝祭り〟」と表現する。たとえば、現在代表を務めるＦＯＲＣＡＳの２０１９年第１四半期のＯＫＲは「新たなメンバーをチームに迎える」だった。このＯＫＲを設定したことで、社員全員が採用活動に参加し、自ら積極的にリファラルリクルーティング（紹介による採用）するようになった。結果、リファラル経由で新たに7名の社員をチームに迎えることができたという。つまり、ＯＫＲはその時々の組織の最重要テーマとなって、メンバーのコミュニケーションを活発化させ、力を結集させるのだ。

ＯＫＲは「ワクワク感」とともにメンバーにオーナーシップを自覚させ、成長を促す一方で、経営者にも良い効果を及ぼす（同社では、ＯＫＲと向き合うチームを「ワクワクチーム」という名称に改称したそうだ）。すなわち、経営者は期ごとに、フォーカスするテーマを示し、その実現に向けてチームを機能させることが求められるようになる。これが、経営者自身の成長を促すのだ。

▼業務の実態に合わせて運用ルールを大きく変更

グーグルやフェイスブックが採用していることから、ＯＫＲは一般に開発部門と相性がいいと考えられている。しかし、ユーザベースの場合、ＳＰＥＥＤＡ日本の次にＯＫＲを導入したのは、コーポレート（管理）部門だった。すなわち、コーポレート部門の統括執行役員、松井しのぶ氏を中心に、２０１７年8月頃から導入が開始された。

ＯＫＲ導入前、コーポレート部門は「組織としての目標がメンバーに浸透している」とは言い難い状況だった。特にユーザベースの上場前後には、主要メンバーが業務に忙殺され、プレーヤーとして動くことが多かった松井がマネジメントにコミットできなかったこともあり、「職場の雰囲気は悪化していた」という。そのため、そうした状況を改善し、コーポレート部門が自発的に組織に貢献できる仕組みとして、OKRを導入したのだ。

コーポレート部門への導入もまた、手探りの連続だったが、特に苦労したのは「業務の多くが成果を定量化しにくいこと」だったと松井氏は語る。コーポレート部門の場合、売上のような定量的な指標が少ない。また、1つのプロジェクトの期間が長いため、四半期ごとの目標設定も難しい。さらに、オペレーション業務の割合が高いため、特に人的リソースが足りない場合、日常業務に追われて、アグレッシブな目標ほど「絵に描いた餅」に終わりがちである。たとえば労務部門であれば、給与計算のようにミスなく仕上げなくてはならない業務の割合が高く、そうした業務がどうしても優先されるのだ。

これらは、「管理部門にOKRはそぐわない」理由としてよく挙げられる。実際、コーポレート部門も、当初はSPEEDA日本のやり方をほぼそのまま取り入れたが、試行錯誤を重ねながらOKRの運用ルールを徐々に変更した。最も大きな変更は、OKRとオペレーション業務の割合を自己申告で組み込むことだった。コーポレート部門の場合、日常オペレーションを正確に行うことに最も神経を遣うことも多く、自分たちの肌感にそぐわないため、「OKRだけを目標にして動くのは難しい」という批判もあった。そのため導入から数か月後には、オペレーション業務とOKRに基づく業務の最適な割合をチームごとに決めることにした。

さらに、OKRに特有の「ストレッチゴール」も、チームによっては設定しなくてよいとした。「到達可能な目標で構わない」ことにしたのだ。「できて当たり前でも、できていないこともある。できていないことをやるためにOKRを活用する」という運用に切り替えたのだ。

▼タイで暮らしながら働き続けられるオフィス環境を実現

「とは言え、最初はきちんとしたOKRを設定できない人も多かった」と松井氏と共にコーポレート部門へのOKR導入を推進した、コーポレート本部コミュニケーションチーム　マネージャーの山田聖裕氏は語る。最初は、山田氏が各チームにファシリテーター役として入り、松井氏とともに「そもそもOKRとは何か」「なぜこれをやるのか」を説明してまわった。

またOKRの進捗発表のやり方も組織の拡大に伴って工夫を続けている。組織が小さいときは、誰もが他のチームの様子がわかるので、他チームのOKRも自分事として捉えられた。しかし組織が拡大するに伴い、単にOKRの進捗をチームの定例会で発表するだけではあまり反応が良くなくなっていった。

そこでやり方を変えて、「コーポレート全体会議でOKRを発表する」ことにした。会議の進行役をアサインして、事前にレビューするなど発表資料を作り込み、発表にコメントする役も指名して、会議が盛り上がるように準備した。自分たちの作ったOKRがきちんと評価されている雰囲気を意図的に演出したのだ。

このように運用の仕組みを変えた結果、OKRが定着し始めると、その効果は次第に現れてきた。これまで日々の業務を機械的にこなすだけだったコーポレート部門のメンバーが、「そもそも何がやりたいのか」を再確認し、業務外の目標を立てるようになったのだ。山田氏は、「管理部門にありがちな「やらされ感」を打開したことで、チームの士気が上がり、フォーカスできるようになった」という。

最も変わったのは総務・庶務だそうだ。特に、「プロジェクト・ウユニ」と「プロジェクト・カリブ」という2つのOKRはチームに大きな変化をもたらした。

ウユニとは、近年日本でも有名になった、南米ボリビアにある世界最大の塩原だ。雨期になるとさざ波ひとつない〝広大な水たまり〟ができ、鏡のような水面に空が映る幻想的な光景になる。そんなウユニのような澄み切ったオフィス環境を実現しよう、というのがプロジェクト・ウユニだ。プロジェクトの主体は総務のメンバーだが、実施には全社を巻き込んだ。3ヶ月ほどかけて、チームごとに使わないものやゴミを処分し、机の上には余分なものは一切置かれていない、見通しの良いオフィス環境を実現したのだ。

もう一方のプロジェクト・カリブでは、「総務メンバーが地球の裏側のカリブ海にいても仕事が回るくらい、いつでもどこでも好きなときに仕事ができる」ことを目指した。ユーザベース自体は「いつでも・どこでも仕事ができる」会社ではあったが、代表電話やお客様電話対応するコーポレートのメンバーは会社に来る必要があった。

プロジェクトではまず、IP電話を導入して社員個人の携帯や部門携帯宛に外部から直接電話がかかるようにした。また各部門の業務のワークフローを整備し、関係書類をクラウド上に置いて、外部からでも確認できるようにした。これにより、オフィスに来なくても様々なコーポレート業務に対応できるようになったのだ。

また各会議室にテレビ会議の環境も整備し、外部からの会議参加が可能にした。実際、松井氏は、家族の転勤で月の4分の3はタイで暮らしながらも、統括執行役員として同社で働き続けている。これもまた、プロジェクト・カリブの大きな成果と言えるだろう。

▼ミッション重視の企業カルチャーによく合致

ユーザベースにおけるOKRの運用ルールは、かなりの部分が部門の長やチームのリーダーに任されている。たとえば、前述のSPEEDA日本で言えば、通期（1年）のOKRは設定しているが、四半期で設定するのはOのみでKRは設定していない。事業的に意味のあるKRを設定できないと判断したためだ。リーダーとメンバーの1on1もチームによって、月1回から週1回までばらつきがある。

またユーザベースでは、職種と等級に基づく給与テーブルが設定されていることもあり、OKRと人事評価とは基本的に切り離されている。つまり、ある職種・等級で求められる「こういうことができます」という要件を満たさなければ、昇進しないし、給与も上がらない仕組みだ。ちなみに、この給与テーブルはSPEEDA日本では全社員に公開されており、コーポレート部門でも公開の是非をメンバー全員で話し合ったそうだ。話し合いの結果、コーポレート部門でも公開することになったが、その過程で「互いの価値観がよくわかった」という。

このようにユーザベースでは、部門やチームの裁量が大きく、運用ルールは非常にフレキシブルな一方で、リーダーがメンバーを巻き込んで議論したり、リーダーと担当執行役員が話し合ってすり合わせたりと、ＯＫＲ自体はコミュニケーションを取りながら設定し、状況に応じて見直している。また「バリューにどれだけ共感できるか」を重視して採用していることから、社員の多くが「ＯＫＲにしっくり来ている」ようで、リーダー層からも「なぜＯＫＲを導入するのか」に対する疑問は出ていないそうだ。ミッションに関して、以前は若干、「ふわっとした感じ、単なるスローガン」に感じることがあったのが、より地に足が付いた感じになったのも大きな効果と言えるだろう。

ある意味、ユーザベースにとって、ＯＫＲ導入の意義は、「それぞれの目標や動きが共有されたため疑心暗鬼にならず、無駄な議論が生まれない」ところにあるのかもしれない。今後も、ＯＫＲが形骸化することがないように、運用面のチェックを怠ることなく続けていきたいという。

POINT

OKR活用にあたっての「ポイント」は？

ポイント❶

「どんな組織にも有効なOKRは存在しない」ことに気付いた佐久間氏は、「まずは導入してみて、早く失敗して早く作り直す」という方針を立てる。

この考え方は非常に重要です。OKRの導入や運用に決まったやり方はありません。逆に言えば、自社に合ったやり方を探す必要があるのです。

ポイント❷

ルール①、②はオーナーシップ。ルール③、④はコミットメント、ルール④、⑤はストレッチなど、すべてOKRのキーワードに結び付くことがわかった。

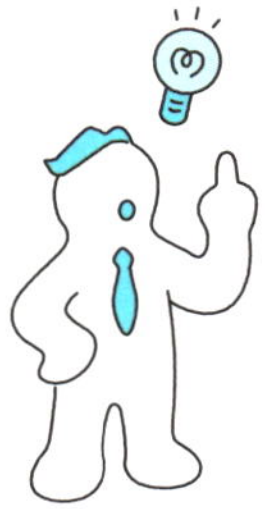

実はOKRに向く、職種や部署というものは存在しません。「OKRに向く、向かない」は、実は会社のビジネスモデルや文化に深く関係しているのです。

ポイント❸

経営者は期ごとに、フォーカスするテーマを示し、その実現に向けてチームを機能させることが求められるようになる。

OKRは、トップダウンではなく、ボトムアップの考え方ですが、組織が向かう方向を示すのはトップの役割です。それができなければ、トップ失格です。

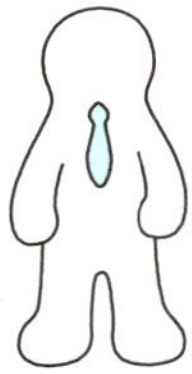

ポイント❹

会議の進行役をアサインして、事前にレビューするなど発表資料を作り込み、発表にコメントする役も指名して、会議が盛り上がるように準備した。

運用フェーズでは、OKRによる評価プロセスそのものを楽しめるようにする演出が求められます。それには、トップのコミットメントが求められるのです。

It happens.

OKR活用にあたっての「ある・ある」は?

ある・ある❶

OKR導入当初の運用ルールに縛られている。

OKRの運用では、自社に合ったやり方を模索しながら、随時変更していく会社が成果を上げているようです。ためらわず、随時、変更しましょう。

ある・ある❷

スタッフの間に「やらされ感」が漂っている。

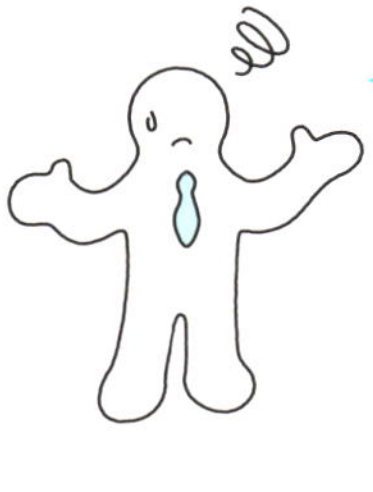

OKRの運用を楽しめて自分ごと化できる演出を導入しましょう。OKRというツールをうまく使うには、運用サイドに工夫が求められるのです。

ある・ある❸

一部のスタッフのみがOKRに熱心だ。

経営者が自らOKRに取り組むことをきちんと伝えましょう。OKRをメンバーに浸透させ、組織に定着させる上では、経営者のコミットメントが重要なのです。

ある・ある❹

無理やり、人事評価と連動させている。

無理に人事評価と連動させる必要はありません。特に、報酬と連動させる場合には、事前に調査・分析し、調整する作業が必要になります。

ＯＫＲは「ボトムライン」を担保する

会社の目標の理解が社員満足度向上につながる

ボトムラインとは、経営方針、人事評価、ワークライフバランス、給与、福利厚生などにおいて組織のメンバーが満足している状態です。ＯＫＲは、ボトムラインを担保する上でも有効に機能します。

ＯＫＲを導入することで、社員は会社と同じ方向へ向かっていることをつねに確認できるため、会社のビジョンに納得感が生まれます。またそもそも、組織のＯＫＲに、メンバーのモチベーションをアップさせる〝ワクワク感〟や〝共感〟がなければ、チームやメンバーは同じ方向に向きません。そのためには、メンバー個々の総意を上手に吸い上げることが必要となり、結果として経営方針にも共感するのです。

また、ＯＫＲと組み合わせて運用される１ｏｎ１は、「自分たちの働き方、考え方を見てもらえている＝きちんと評価されている」という信頼感の醸成に役立ちます。信頼感にズレが生じた場合、会社や部門のＯＫＲと、チームや個人のＯＫＲとの不整合として顕在化されるので、いち早く問題が発見できます。さらに、多くの企業では、人事評価、給与、福利厚生の方針がメンバーに公開されていないため、社員が疑心暗鬼になりがちです。一方ＯＫＲを導入した企業では、多くの場合、人事評価、給与、福利厚生の方針が可視化されています。

このようにＯＫＲは、「社員満足度」を向上させ、ボトムラインを担保するのです。

「ボトムライン」の意味

ボトムライン

＝

経営方針、人事評価、ワークライフバランス、給与、福利厚生などにおいて満足している状態。従業員満足度調査の指標

ボトムラインの効果

ボトムライン

- 経営方針に納得感がある
- きちんと評価されてる
- きちんと休めている
- 給与面で恵まれている
- 福利厚生で恵まれている

満足の好循環

「従業員満足」が「顧客満足」につながる

やる気が上がる → 仕事に打ち込む → 顧客満足が向上する → ボトムライン

OKRと「ボトムライン」の関係

OKRを導入すると、社員は会社と同じ方向へ向かっているかをいつでも確認できるので、会社のビジョン・ミッションに納得感がある

1on1などで随時コミュニケーションをとることで、自分に対する評価の妥当性と納得感を高まる

経営方針、人事評価、給与、福利厚生などの方針が可視化されるので、社員の不信感が取り除かれる

ＯＫＲ導入は「学びの機会」につながる

キャリアに対する目標設定が成長を促す

学びの機会とは、「自分のキャリアに対する目標をおおむね達成できている状態」あるいは「自分自身の成長を促す学習機会が得られる状態」です。ＯＫＲ導入は、学びの機会につながります。

ＯＫＲで設定する「ムーンショット」は、高い理想の達成に向けて、メンバーの〝ワクワク感〟を掻き立てます。そして、現在の仕事に満足することなく、「もっと広い視野を持ち、もう一段上の自分」を実現する意欲を呼び起こすのです。これは、〝これまでのやり方〟では達成できない目標を実現するために、まったく新しい思考法・手法・スキルを身に付けることにもつながるでしょう。

新しい思考法・手法・スキルを身に付けること自体をＫＲに設定してもいいかもしれません。たとえば「この3か月で＊＊のスキルを習得し、仕事に反映する」といった目標です。高い目標への挑戦は、学びに対する強力なモチベーションとなるはずです。

「学びの機会」が得られる職場環境は、そこにいる人にとってだけでなく、外にいる人にとっても魅力的に映るでしょう。つまり、人材不足が叫ばれる現在において、求人活動に非常に有利に働きます。「新しいことに挑戦している」「あの会社出身の人材は優秀だ」という評判は、人材の好循環を生み出し、人材獲得における大きなアピールポイントとなり得るのです。

「学びの機会」の意味

学びの機会

=

**自分のキャリアに対する目標をおおむね達成できている状態。
あるいは、自分自身の成長を促す学習機会が得られる状態**

仕事のインパクトと学びの関係

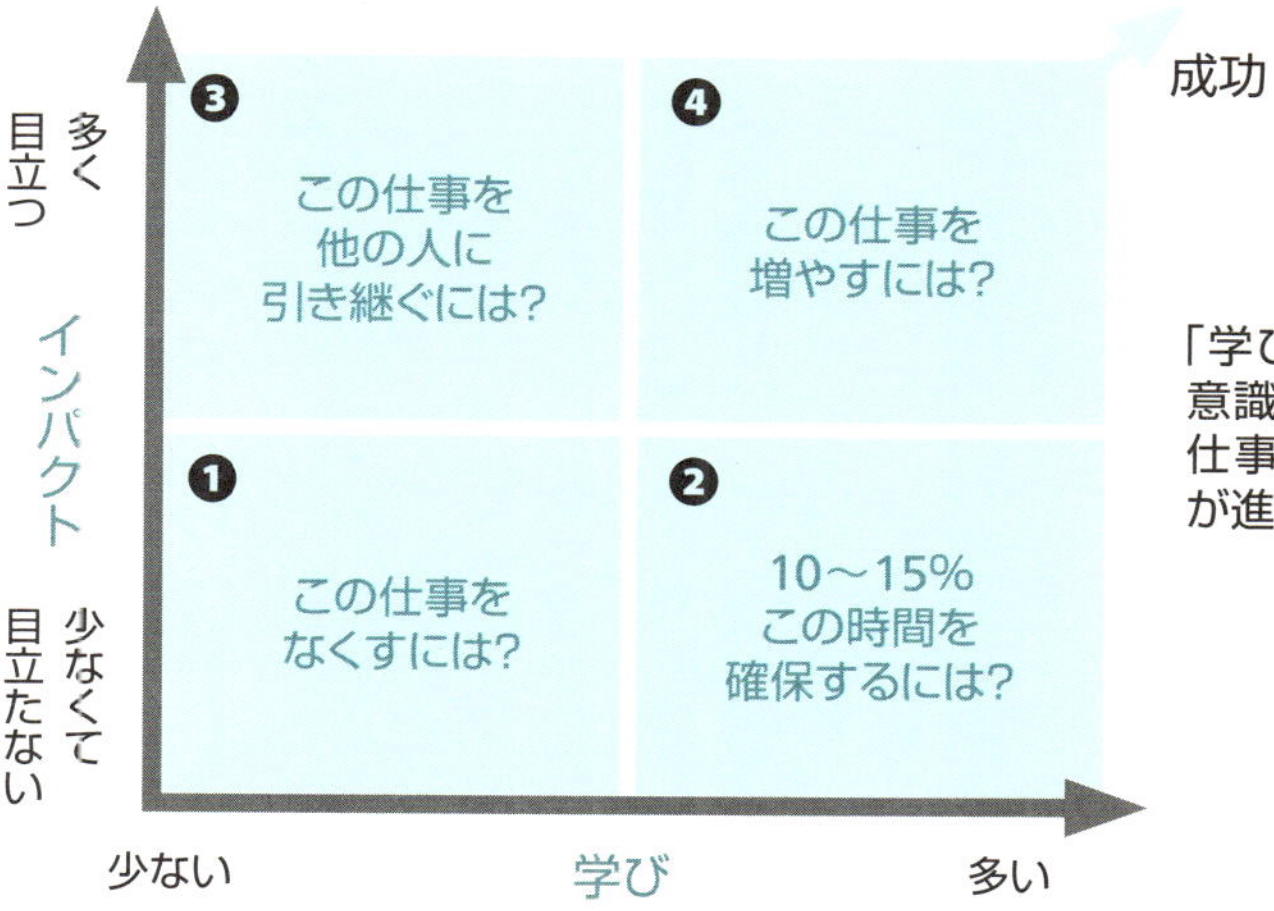

「学びの機会」を意識することで、仕事の取捨選択が進む

OKRと「学びの機会」の関係

OKRでムーンショットを描くことにより、これまでにない経験やスキル、知識が得られる

達成不可能な目標を目指すので、今までのやり方や成功体験に縛られず、不足している学びを明らかにするようになる

失敗を許容することで、挑戦することで必ず学びを得られることが理解できる

OKR達成でラーニングアジリティが増す

積極的に難易度の高い仕事を引き受ける

ラーニングアジリティとは、「学びの速度」、すなわち「学び始める早さ、学びを切り替える早さ、学習の早さの3つ」です。OKRは、積極的に難易度の高い仕事への挑戦を促すことで、ラーニングアジリティを引き出し、向上させます。

米国に本社を置くグローバルな人事コンサルティングファーム、コーン・フェリーのCEO、ゲーリー・バーニンソン氏はラーニングアジリティについて「経験から学び取る能力・意欲であり、それを新たな環境下で成功裏に活かすことができること」と言っています。つまり、ラーニングアジリティとは、学ぶ対象、内容そのものを自ら掘り起こすとともに、つねに新たな学びを貪欲に求めていく姿勢なのです。

コーン・フェリーはまた、専門分野の成熟度（マチュリティ）と新規分野への追従性の高さ（アジリティ）を両軸とした、左のような図を描くことで必要な人材像を示しています。この図において、右上に行くほど、組織の成長にとってより重要性の高い人材ということになります。ムーンショットを設定すると、これまでのペースで学習していたのでは到底目標を達成できないので、マチュリティだけでなく、アジリティの向上に向けた努力が求められます。また新たな能力を開発できる機会を求めるようになり、難易度の高い仕事にも積極的に引き受けるようになるのです。

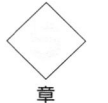

「ラーニングアジリティ」の意味

ラーニングアジリティ

＝

**学びの速度。すなわち、学び始める早さ、
学びを切り替える早さ、学習の早さの3つ**

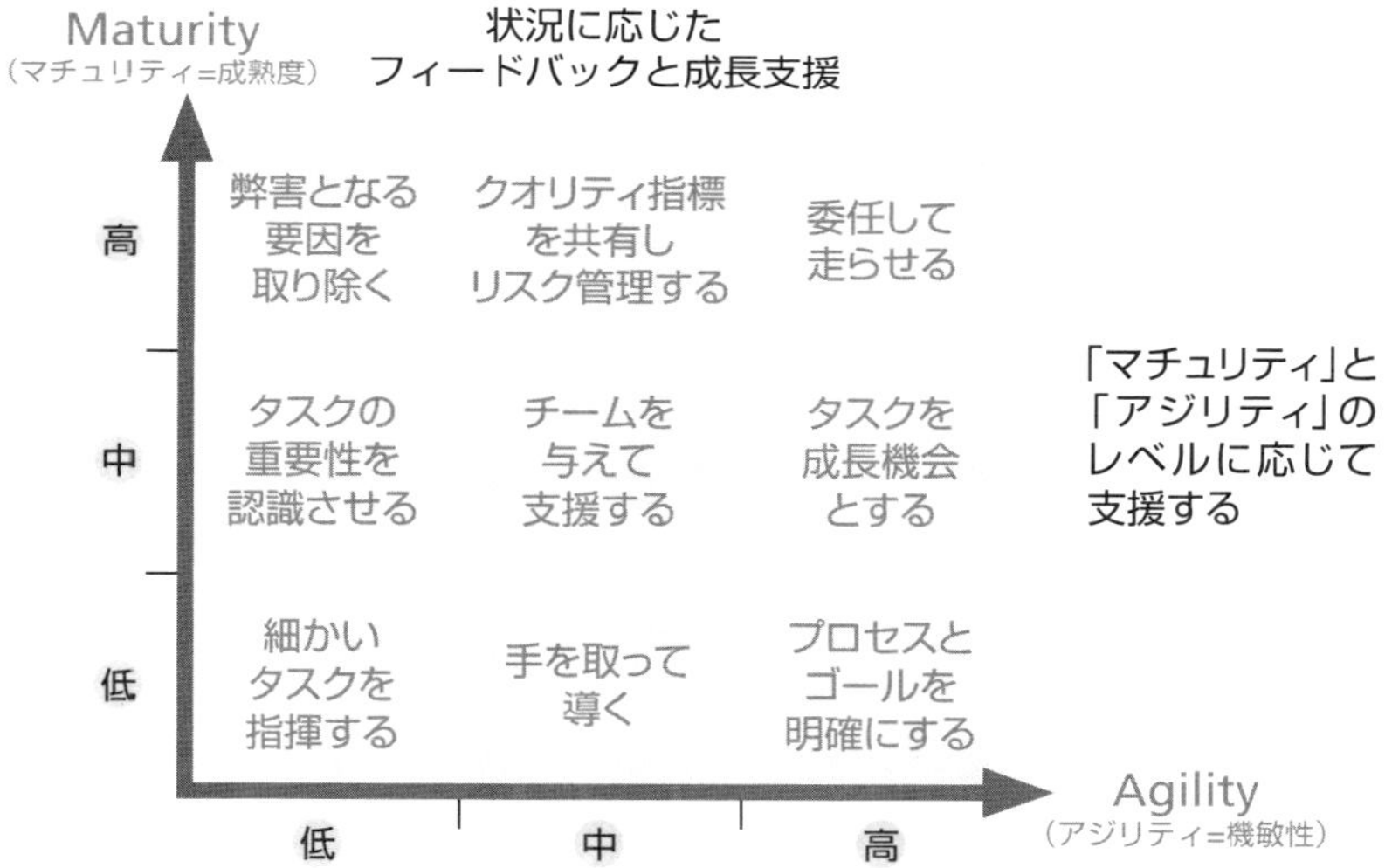

出典：「コーン・フェリー資料」から改変

OKRと「ラーニングアジリティ」の関係

OKRでは、KPIやMBOと比べて速いサイクルで状況に応じて目標（O）を変更するため、ラーニングアジリティが高まる

日常的なフィードバックを受けるため、次第にラーニングアジリティが身に付く

達成不可能な目標を目指すので、足枷となる従来の慣習や古い情報をすぐに捨てるようになる（Learn＆Unlearn）

OKR導入で「エンゲージメント」が高まる

周りの人に自社で働くことを勧める

エンゲージメントとは、「組織に対して愛着、誇り、帰属意識を持つこと」です。組織にとって、メンバーが帰属意識と愛着を持ち、目標達成に向けて積極的に協力する体制を構築することは重要になります。そしてOKRの導入は、エンゲージメントを高める上でも極めて有効に機能するのです。

理由は色々とありますが、一番大きな要因は、OKRを使うことで組織のビジョンをメンバーが共有できることでしょう。しかも、そのビジョンは会社が一方的に押し付けるものではなく、メンバーが主体的に作り上げるものです。つまりOKR導入により、会社と個人が対立するのではなく、一体化できる素地ができあがるのです。

こうした意識をメンバーが自然に持つようになるのは、OKR導入の大きな効果です。

「組織の環境とは自ら作り上げるものである」という意識をメンバー全員が持つようになれば、「会社が自分に何もしてくれない」「この会社にいることが苦痛」といったネガティブな思いを抱くこともなくなります。組織の環境が改善されるかは、自分次第であると納得できれば、働きがいを実感し、自然と誇りを抱くようになるでしょう。

このようにOKR導入は、組織への愛着・信頼感を深め、組織に積極的に関る姿勢につながるなど、組織運営の好循環を可能にするのです。

「エンゲージメント」の意味

エンゲージメント

＝

組織に対して愛着、誇り、帰属意識を持つこと。例えば、友人や親戚に当社で働くことを自ら積極的に勧められるなど。

エンゲージメントの効果

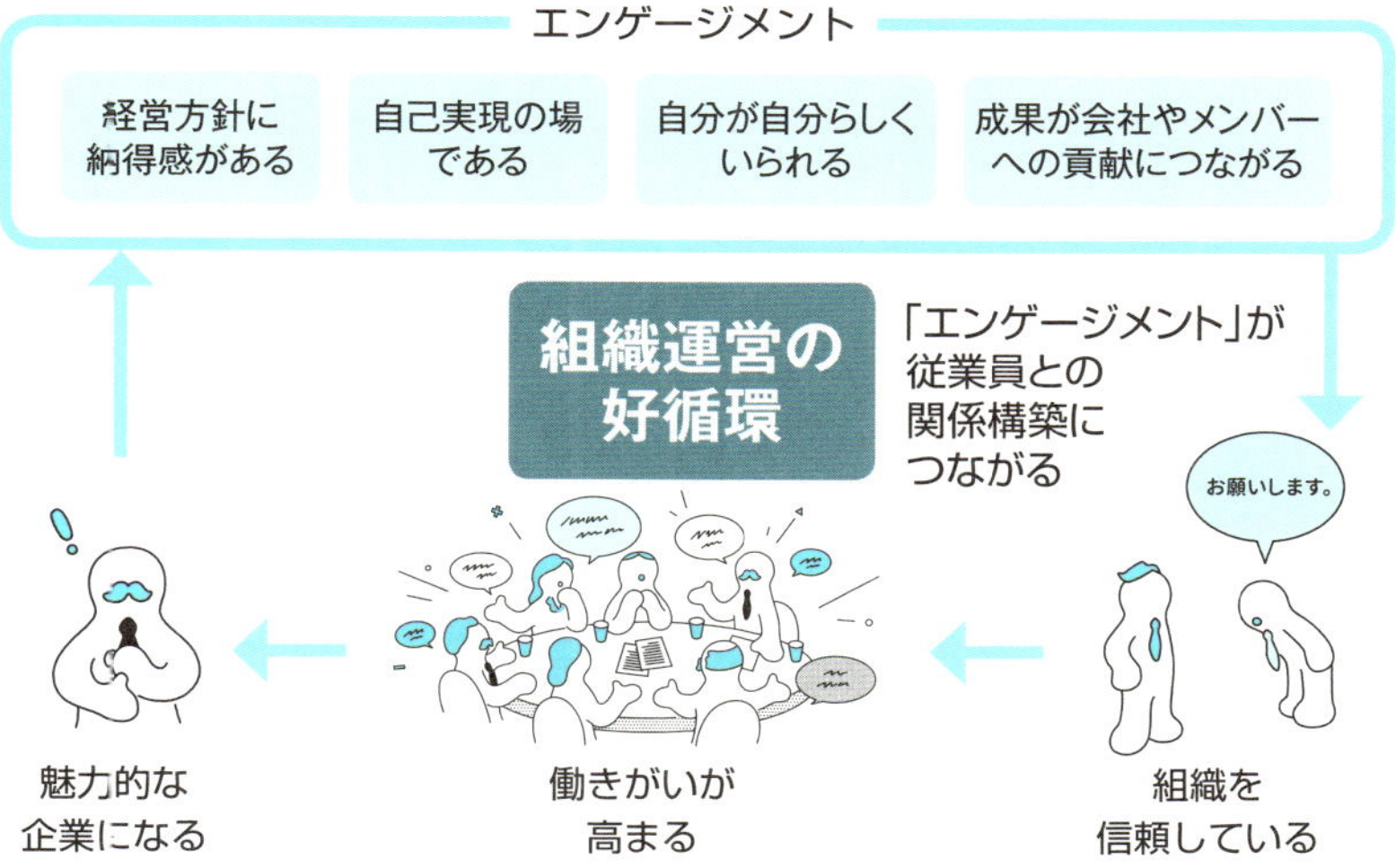
エンゲージメント
経営方針に納得感がある
自己実現の場である
自分が自分らしくいられる
成果が会社やメンバーへの貢献につながる
組織運営の好循環
「エンゲージメント」が従業員との関係構築につながる
お願いします。
組織を信頼している
働きがいが高まる
魅力的な企業になる

「エンゲージメント」とOKRの関係

OKRでは、ボトムの発想を拾い上げてチームや会社の目標とすり合わせるため、仕事や職場に誇りを持つようになる

「仕事を通じて何を得たいのか」を考えることは、仕事に対する意識を変える

「前期や前年の仕事が現在の仕事にどうつながっているか」を理解すると、自らの成長が理解でき、働きがいにもつながる

ムーンショットが、変化への適応を促す

OKRが「イノベーティブな組織」を作る

OKRは、貪欲に新たな挑戦を求めていく組織、すなわち「イノベーティブな組織」を作り上げる上でも有効です。

そもそもムーンショットは、従来のやり方を踏襲するだけでは決して達成できません。つまり、ムーンショットの設定自体が、イノベーションが前提となるのです。もちろん、だからといって、すぐにイノベーションを起こせるわけではなくありません。しかし、OKR（特にKR）を四半期に1回のサイクルで設定することで、つねに何らかのイノベーションに挑戦している状況が生まれます。その意味でも、ムーンショットはイノベーションに有効と言えるでしょう。

また重要なのは、イノベーション自体を目標としているのではなく、仕事上の理想や夢を追求し、その結果としてイノベーションが起こる形になっていることです。

一般にイノベーションには、ニーズ型（目的志向型）とシーズ型（技術志向型）があり、より実現可能性が高いのはニーズ型です。つまり何らかの「ニーズ=理想や夢」を達成するために、その「手段=イノベーション」を起こすというのは、極めて合理的なのです。

さらにOKRには、目標・達成状況を設定するだけでなく、1on1などを通じて、つねにその目的を問い続けます。それがまた、「現状を改善する」というモチベーションの維持につながるのです。

「イノベーティブな組織」の意味

イノベーティブな組織

＝

**変化にうまく適応し、改善し続けている状態。
あるいは、最新の技術や方法を使いこなしている状態**

グーグルの組織イメージ

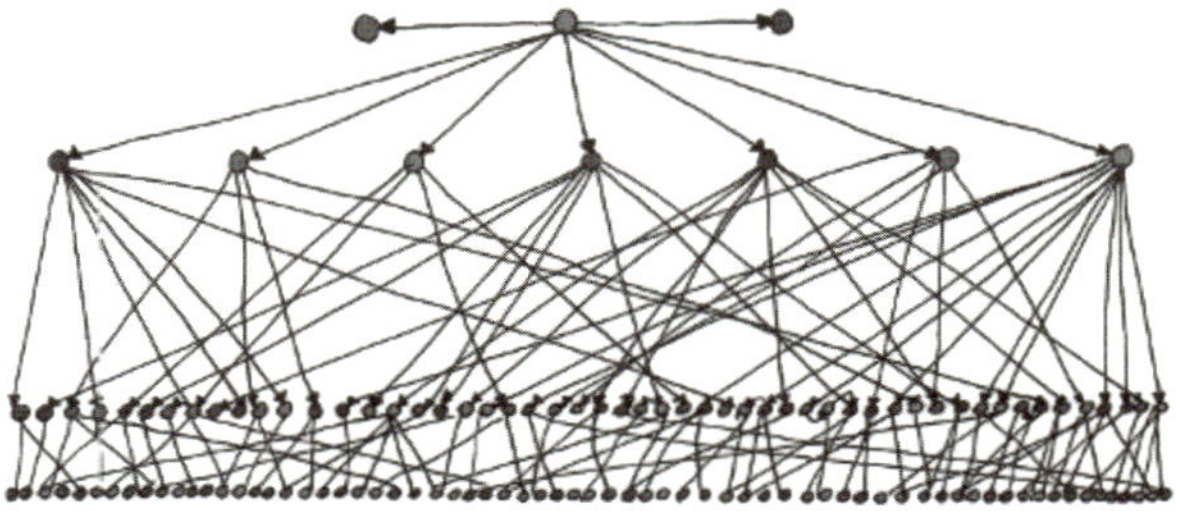

組織内の「インフォーマルネットワーク」がイノベーションを生み出す

「イノベーティブな組織」とOKRの関係

イノベーティブな組織の実現では、心理的安全性やコラボレーションが鍵となる一方、厳しい責任と期待も求められる。OKRを導入することで、一見、相反する行動が求められ、責任と期待が担保される

- 失敗への許容と学習意欲への厳しさ
- 実験への意欲と厳しい規律
- 心理的安全性と残酷なほどの率直さ
- コラボレーションと個人の責任
- フラットだけど強いリーダーシップ

コラム5

OKRは「広報ツール」としても機能する？

ユーザベースでは、「コーポレート部門」でOKRを運用し「プロジェクト・ウユニ」や「プロジェクト・カリブ」といったムーンショットを設定することで、大きな成果を上げました。

では、こうしたムーンショットのOに対してどのようなKRを設定したのでしょう。

たとえば、ピカピカのオフィス実現を掲げた「プロジェクト・ウユニ」のKRは、「大規模なお掃除タイムを月１回設定する」「各チームに「おそうじ番長」を置く」「ゴミ袋を持って周って回収する」などだったそうです。当然、その実現にあたっては、関係各部署を巻き込むことが必要になります。当然、実現のハードルも高くなると多くの人が考えるでしょう。

しかし実際には、コーポレート部門がOKRを関係部署に周知徹底していたため、協力体制の構築は当初の想定よりも楽だったそうです。このようにOKRの周知は、社内での意思、目標の統一において有効です。

こうしたOKRの機能を今後、同社では、採用に活用することも検討しています。すなわち、各部門のOKRを社外にもオープンにすることで、職場の雰囲気をこれから働く人に伝えるのです。特色のあるOを社外に公表すれば、各部署の特徴や目標が伝わりやすくなり、人を採用するときに、有効に機能すると考えているわけです。これもまた、ある種、OKRの用途として考えられるでしょう。

6章

OKRをもっと活用するために

Case 6

「目標の目線」を合わせるツールとして位置付ける

【事例企業】mercari (https://about.mercari.com/)

▼OKRと「バリュー」の二本立てで評価

スマートフォンをプラットフォームとしたフリマサービスのトッププランナー「メルカリ」。2013年に開始したサービスは（設立当初は株式会社コウゾウ、後に株式会社メルカリに商号変更）、当初から人気が爆発し、この年のGoogle Play「ベストアプリ2013」の「ベストショッピングアプリ」にも選出された。その後も、日本初のユニコーン企業（未上場ながら評価額が10億ドルを超える企業）として、2018年6月には東証マザーズへの上場も果たし、その急成長ぶりに注目が集まっている。

そんなメルカリは、積極的にOKR導入を進めた先進企業の一つとしても知られる。というよりも、OKRが注目され始めたこと自体、「〝あの〟グーグルが採用している」と並び「日本ではメルカリが取り入れた」ことが大きな理由となっているかもしれない。

取締役CPOである濱田優貴氏によれば、「当時、OKRは日本では知られていなかったので、まずはどのようなものかを理解したかった」のが導入のきっかけだったという。もともと同社には、「人事制度とは適宜見直すもの」という風土があり、新しい仕組みを導入するハードルが低かったのも導入を決めた理由の一つだ。

ＯＫＲ自体があまり知られていなかった時期で、ＯＫＲの解釈についても社内で差があったが、そこは「そもそも正解はない」と割り切った。その割り切りのおかげか、ほとんど反発もなく導入を進められたという。ただし、メルカリには「ＯＫＲこそが究極の人事制度」といった考えはない。

メルカリは、「新たな価値を生み出す世界的なマーケットプレイスを創る」という企業ミッションを掲げる。カンパニーＯＫＲは基本、この企業ミッションを実現するために設定され、それに各部門のＯＫＲ、グループのＯＫＲ、個人のＯＫＲが紐づく。

メルカリはまた、独自の評価軸として「バリュー」という考え方を導入している。同社が掲げる「バリュー」とは、「Ｇｏ Ｂｏｌｄ—大胆にやろう」「Ａｌｌ ｆｏｒ Ｏｎｅ—全ては成功のために」「Ｂｅ Ｐｒｏｆｅｓｓｉｏｎａｌ—プロフェッショナルであれ」の３つ。これら３つのバリューは、社内では一般的な言葉として定着しており、ある課題に対して「Ｇｏ Ｂｏｌｄであるか、ないか」が議論の焦点になることもあるという。

四半期ごとに、各バリューに則りチャレンジしたと認められるメンバーにはＶａｌｕｅ賞、３つのバリュー横断的に価値のある行動を行ったメンバーに対してはＭＶＰ賞が与えられる。先のＯＫＲで定量的に評価するのに対し、このバリューでは定性的に評価する。数値で測れるもの、測れないものの２つを両輪として評価するシステムだ。メルカリは「ミッションとバリューが大事」と表明するが、これもその現れなのかもしれない。

KRはなるべくシンプルに

前述のように、メルカリにとってOKR導入の狙いは会社の方向性を共有することであり、その管理は各部門のマネージャーの判断、裁量に任されている部分も大きい。もともと、同社はボトムアップを重視している。

同社のOKRはピラミッド状に紐づけられているとも書いたが、細部を、組織間、階層間で厳密に擦り合わせているわけでもない。あくまで、「目標の目線を合わせる」ことが目的だからだ。ただ、部門ごとやチームごとのOKRは自社開発の管理システム画面上で確認可能になっている。

また同社OKRの特徴に、「OとKRは明確にリンクしていなくていい」「KRは極力シンプルに、わかりやすくする」ことがある。「Oで大きな夢、理想を打ち上げ、KRで細目として具体的目標を設定する」のがOKRの基本だが、それだけにKRが「微に入り、細をうがつ」ことになりがちだ。それでは、現場のメンバーの行動を縛ってしまう。また、「この仕事では＊＊、あの仕事では＊＊」と細かく規定しすぎると、チーム全員の目線が揃わなくなる危険性もある。メンバー間の調整が難しくなり、マネージャー層の仕事が面倒になることもあるだろう。むしろ、「KRが、こんなに大ざっぱでいいの？」くらいのほうが、メンバーが大胆に立ち回る下地作りになる、という考え方だ。

たとえば、US版メルカリのプロダクトマネジメント・チームは、「US事業をもっと成長させる」という大きなOに対し、次のようなKRを設定している（2017年1月5日付、『なぜメルカリは、プロダクトチームのリソースを90％以上もUS版に割くのか？』（ウェブマガジン「CAREER HACK」））。

- USの問い合わせ数を減らそう！
  - 出品者からの問い合わせ数を＊＊％にする
  - 購入者からの問い合わせ数を＊＊％にする
- USの月間GMV（流通総額）を＊＊ドルにしよう！
  - 継続率を＊＊％にする
  - 出品数を＊＊％にする

……など。

メルカリにおけるOKRの設定は導入当初から四半期サイクル。当然、「3か月ごとでは評価するほうも、されるほうも負担が大きい」「面談などのコストを考えると、短過ぎるのでは」という懸念の声もあった。メルカリのビジネス領域は、時々刻々と変化するインターネットの世界だ。追い求めている目標があったとしても、数ヶ月経ったらすっかり状況が変化し、その価値ががらりと変わってしまうかもしれない。これ以上長くすると、ビジネス環境の変化に付いていけないという判断から、四半期に1度にしたのだ。

さらに定期的に、各チーム間でOKRを共有するために合宿やオフサイトミーティングを行い、上司と部下の間での意識のズレ防止、KRの進捗確認などのため、1on1も実施している。こうしたフォローは、急拡大し、社員が大きく増えた同社のなかで、意識を揃えていくために不可欠なのだ。

OKR導入により、各自の仕事を、企業のミッションと結び付いて考えられるようになる。その結果、各自が「今、やるべきこと」を明確化でき、自身の仕事の価値も把握できる。それが、メルカリにとってOKR導入の意味だったのだ。

「メルカリのはたらく」を生で伝えるmercan

メリカリでは、「メルカリのはたらくを伝える」をテーマとしたコンテンツプラットフォームとして、「mercan（メルカン）」を運営している。

これはなかなかユニークな存在で、同社内のさまざまなチームに属しているメンバーが登場し、代わる代わる、日々の仕事、出来事を披露する。社内イベントの告知あり、新しい動きやミッションに関しての周知を図る特集記事的なものもあり、ホンワリと楽し気なブログ的な記事もある。

内容は社内報のようだが、興味深いことに、これが社外にも公開されている。実際、このmercanの運用を始めたことが、社内の相互理解を進めるとともに、同社の採用活動に大いに役立っているという。社外の人間にしてみれば、「メルカリという会社で働くとはどういうことか」を垣間見られる場となっているからだ。

このmercanにも、OKRが度々登場する。先述のように、各部門におけるOKRの管理は、各マネージャーの判断、裁量に任されている部分も大きい。その意味で、mercanのなかで描かれた情景は、現場のメンバーにとってOKRがどのように機能しているかを実際に知ることができる貴重なコンテンツであると言ってもいいだろう。

例えば2019年1月11日付のmercanには、メルカリ子会社である株式会社メルペイの「Talent&Cultureチーム」によるオフサイト（合宿）報告が上がっている。この合宿のコめ。

ンテンツは3つ。さまざまな質問に回答することで自分の資質がわかる診断ツール「ストレングスファインダー」を参加者全員で行ったこと。2つ目がOKRの発表。3つ目がお正月らしく全員で書初め。

OKRの発表はメインコンテンツで、「ディレクターとマネージャーそれぞれが1～3月期のOKRを発表。その意図とメンバーへの期待などを丁寧に説明したうえで、アクションプランをディスカッション」したという。

また、2018年3月27日付のmercanでは、全社の管理を行う「コーポレート部門」（HR、PR、マーケティング、労務、総務、税務、経理、ファイナンス、法務、社長室、コーポレートエンジニアリングCSの12チーム）の半年に一度の合宿の様子が上がっている。これは社長と各部門のマネージャー、そしてメンバーが参加する、会社全体の方針決定につながる場。

その開催目的の一つに、「各部門の向こう半年のOKRやプランを共有、ディスカッションすることを通じて、コーポレートの各グループの役割を理解し、実行の質を向上させる」がある。

OKRが同社に根付いている証と言ってもいいだろう。

POINT

OKRをもっと活用するときの「ポイント」は?

ポイント❶

先のOKRやMBOで定量的に評価するのに対し、このバリューでは定性的に評価する。数値で測れるもの、測れないものの2つを両輪として評価するシステムだ。

OKRでは、Oが定性的な指標、KRが定量的な指標を設定します。そのため、本来は定性的、定量的の両面から目標を設定するシステムです。

ポイント❷

むしろ、「KRが、こんなに大ざっぱでいいの?」くらいのほうが、メンバーが大胆に立ち回る下地作りになる、という考え方だ。

ストレッチ目標を設定することで、イノベーションを起こすというのは、ベンチャーに必要な視点です。実際、メルカリは多くのイノベーションを起こしています。

ポイント❸

その結果、各自が「今、やるべきこと」を明確化でき、自身の仕事の価値も把握できる。それが、メルカリにとってOKR導入の意味だったのだ。

社員に対して、目指す方向と短期の目標、目標達成における自らのコミットメントを示すことで、力を結集できる素地を作り上げます。

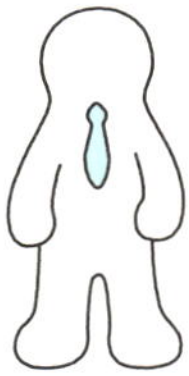

ポイント❹

実際、このmercanの運用を始めたことが、社内の相互理解を進めるとともに、同社の採用活動に大いに役立っているという。

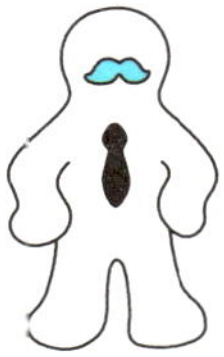

OKRを機能させる上で、重要なのはコミュニケーションです。mercanを社内外とのコミュニケーションツールと位置付けたことには大きな意味があります。

It happens.

OKRをもっと活用するときの「ある・ある」は？

ある・ある❶

人事制度を見直す、という発想がない。

誤解されがちですが、人事制度は絶対的なものではありません。自社や状況に合わなければ、適宜、変えてもいいのです。

ある・ある❷

イノベーションを起こすにはOKRが絶対必要、と考える。

OKRとMBO、それぞれのメリット・デメリットをきちんと確認しましょう。また、OKRを他の人事制度と併用してもまったく問題ありません。

ある・ある❸

KRを厳密に設定しすぎてしまう。

OKRを全員の視線を合わせるツールと位置付けましょう。その上で、メンバー全員に「自主的な提案や行動」の目標として、KRを設定するのです。

ある・ある❹

設定したOKRが、すでに時代遅れになっている。

OKR設定の頻度は会社によって異なりますが、最低でも1年に1回くらいは見直しましょう。でないと、会社やビジネスの実態と合わなくなります。

向いている組織や部署にのみOKRを導入する

一部の部署にのみOKRを導入することも可能

「OKRは新しく優れている。KPIやMBOはもう古い」という意見も最近聞かれます。しかし、それは大きな間違いです。OKRが適している組織があれば、KPIやMBOで力を発揮できる組織もあるのです。

左に、代表的なグローバルIT企業の組織を模式化した図を示しました。このうちOKRを導入しているのは、グーグルとフェイスブックです。一方、マイクロソフトやアマゾンなどはKPIベースでマネジメントしています。どちらが優れているわけではありません。どちらが合っているかが重要なのです。

よく「OKRはクリエイティブな部門向け」と言われますが、ケースで紹介したユーザベースのように、管理部門に導入して成果を上げているところもあります。

一般に、「イノベーティブな発想を取り込みたい」「メンバーの自己実現のために組織は存在する」「ビジョンを組織に浸透させ、共感を前提としてマネジメントしたい」「組織／チーム／メンバー間の連携を強くし、支援し合えるようにしたい」ときにはOKRが有効で、「ノルマを達成したい」「社員には品質と生産量の安定のためにルーチンで働いてほしい」「ビジョンをトップダウンで徹底させたい」「目標管理と人事評価を完全に連動したい」ときにはKPIが向いているようです。

OKRの向き・不向きは、職種や業態などではなく、組織の目標や文化に応じて判断する必要があるのです。

GAFAなどの組織ツリー（イメージ）

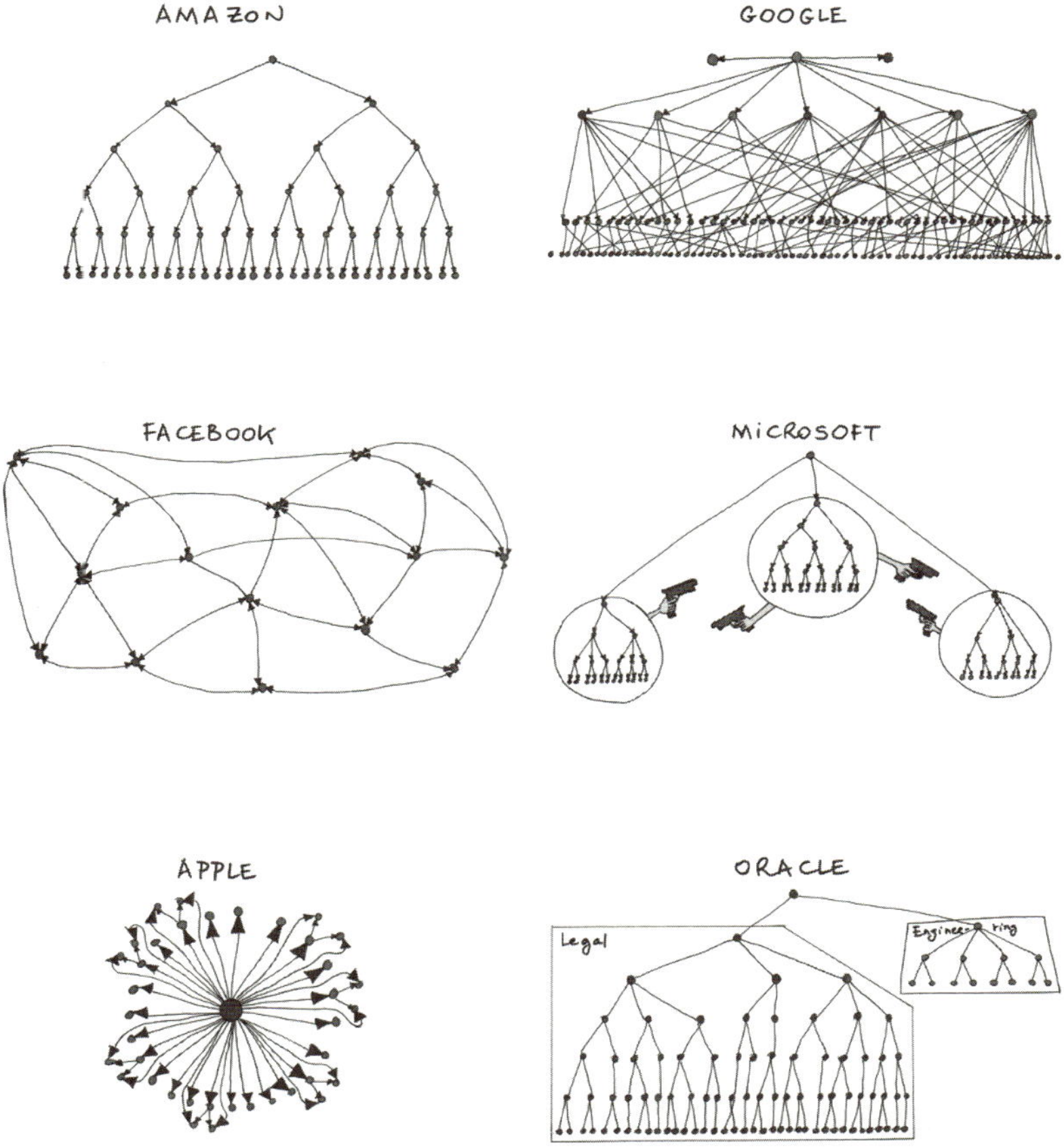

OKRの目的は、「ボトムからアイデアや意識を吸い上げて、その実現に向けて支援する」こと。したがって、それを望む部署であれば向いているし、望まない部署であれば向いていない

ビジョンを実現するためにOがある

会社のビジョン共有にOKRを活用する

OKRは一般に「目標管理の手法」とも呼ばれますが、ここまで見てきたように、その適用範囲は非常に広範です。ただしその〝核〟は、「組織と個人の目標の方向性を揃える」ことにあります。すなわち、組織として、目標（O）を設定し、その指標として（KR）を定める。そして、組織のOの実現に向けて、メンバーがOKRを設定することで、組織と個人の方向性を揃えるのです。

この「組織と個人の方向性を揃える」というOKRの特性を利用して、組織のビジョンを共有することも可能です。そもそも、「ビジョン＝組織が達成しようと心から思える、明文化した目標」とは、「組織の行動指針や価値観＝コアバリュー」と「組織が存在する根本的な理由＝パーパス」から導き出されます。そしてビジョンをどのように実現するためのステップとして「ストラテジー＝ビジョンを実現するための重要なステップ・目的」があり、それを目標に落としたのが組織のOKRです。左の図にOKRを利用したビジョン浸透プロセスを示したので参考にしてください。

なお、気をつけたいのはビジョンが単なる掛け声だと、このプロセスは有効に機能しないことです。そのため経営者には、コアバリューとパーパスから、組織に属するメンバーの誰もが、「この目標に向かって頑張りたい」と思える具体的なビジョンを示すことが求められるのです。

OKRを活用したビジョン浸透のプロセス

コアバリュー
組織の行動指針、価値観

⇔

パーパス（なぜ）
組織が存在する根本的理由

↓

ミッション（何を）
達成しようと心の底から思える目標を明文化したもの

↓

ストラテジー（どのように）
ミッションを達成するための重要なステップまたは目的

↓

ゴール
ミッションの実現を測る成果指標

プロノイア・グループのビジョン浸透プロセス（例）

コアバリュー
社会・人・教育のかけ合わせ

⇔

パーパス（なぜ）
未来を先読みし、未来を創る

↓

ミッション（何を）
誰もが自己実現できる社会を創る

↓

ストラテジー（どのように）
能力・経験・好奇心を存分に発揮して、これまでにない価値で社会貢献する

↓

ゴール
雇用形態に関係なく一人ひとりがタレントとして輝き、
それぞれの自己実現を体現するチームであること

ＯＫＲと「オンボーディング」を連動させる

新しく入った従業員の定着にＯＫＲを利用する

　昨今、日本企業でも即戦力となる中途人材の採用が増えています。その際、問題になるのは、新しく入ったメンバーが会社に馴染めず、早期に退職してしまうことです。

　こうした現象の要因として、新メンバーが「過去の組織の文化に囚われている」「組織のビジョンを十分に理解していない」「既存メンバーと十分に話ができていない」といったコミュニケーションの齟齬があります。

　こうした齟齬を解消する手段として、現在、「オンボーディング」という手法に注目が集まっています。オンボーディングでは、事前に設計した定期的なコミュニケーションにより、新メンバーと既存メンバーの統合を図りつつ、継続的なトレーニングで早期離職を食い止めます。また、早い段階で新メンバーの生産性を向上させる狙いもあります。

　オンボーディングとＯＫＲを連動させることで、新人の定着をより確かなものにすることも可能です。オンボーディングとＯＫＲの運用と組み合わせて提供する場合、オンボーディングを担当するメンティは、リーダーとは別に設定し、彼らが新メンバーのＯＫＲの設定と達成を支援します。すなわち、１on１などを通じて会社の目標と個人の目標をすり合わせることで、新メンバーは「何を求められているか」「自分のやっていることが正しいか」などをきちんと理解できるようにするのです。

「オンボーディング」のプロセス

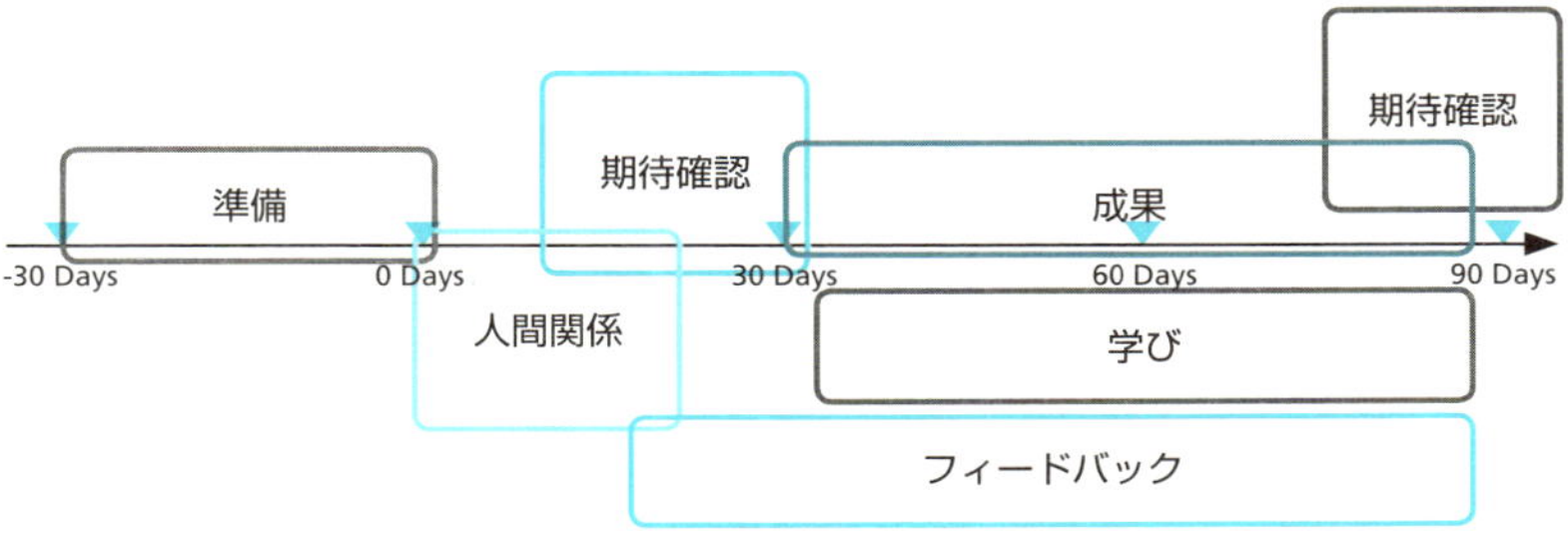

新メンバーと既存メンバーの統合を図りつつ、継続的なトレーニングで定着を図る。トレーニングを継続することで、早期離職を食い止め、早い段階で彼らの生産性を向上させる

オンボーディングとOKRの関係

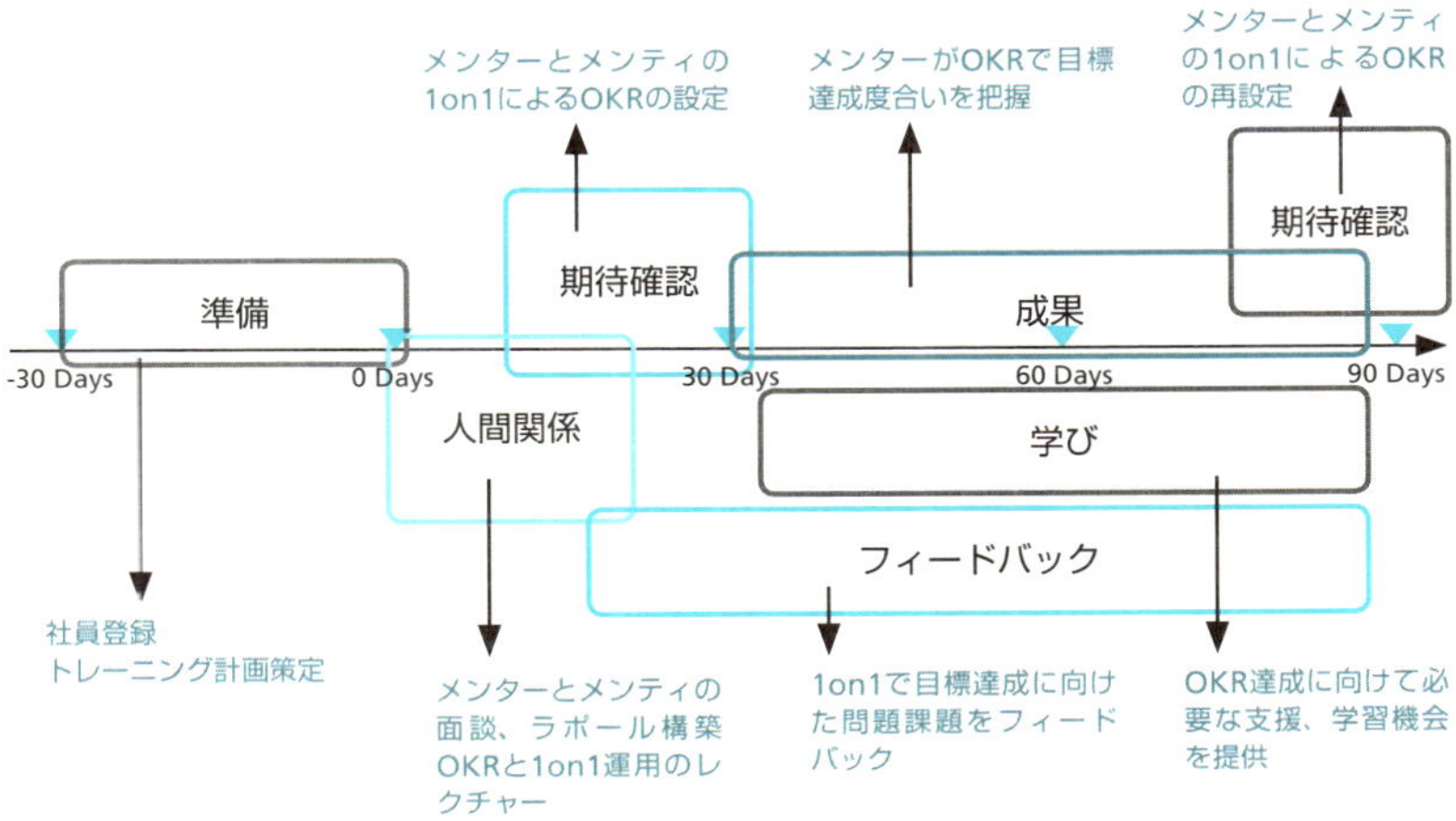

オンボーディングは通常、OKRの運用と組み合わせて提供することも可能。オンボーディングを担当するメンティは、リーダーとは別に設定され、彼らがOKRの設定と達成を支援する

ワークショップを開催しOKRを組織に浸透させる

OKRの理解を早める上で有効

OKRをきちんと機能させるには、「OKRの意味」「OKRの仕組み」「組織、部門、チーム、個人のOKRの設定方法」などを、組織のメンバー全員がきちんと理解しておく必要があります。

組織のメンバーがOKRの理解を早める上で、ワークショップの開催は極めて有効です。OKRの共通認識を醸成するとともに、OKRの運用方法についての知識やノウハウを共有できるからです。

通常、ワークショップは、OKRを導入するタイミングで実施されますが、それだけでは十分ではありません。「OKR導入の目的が組織にきちんと伝わっていない」「OKRが単なる目標設定・管理ツールとして運用されている」「リーダーがメンバーに一方的に話すだけで1on1が終わってしまう」ときには、積極的にワークショップを開催しましょう。組織のメンバーがきちんと理解していないと、OKRが形骸化・空洞化してしまうからです。組織のボトルネックを洗い出し、必要に応じて、チーム内やリーダー・部門長向け、あるいは経営層向けにワークショップを実施することで、効果的なOKRの導入・運用が可能になります。

単に「OとKRを設定した」だけでは、OKRは機能しません。つねにその意味を組織内で確認し、必要に応じて認識を修正したり、微調整したりする必要があるのです。

ワークショップを開催したほうがいいとき

❶ OKR導入の目的が組織にきちんと伝わっていない

❷ KPIやMBOと同様に、目標設定・管理ツールとして運用されている

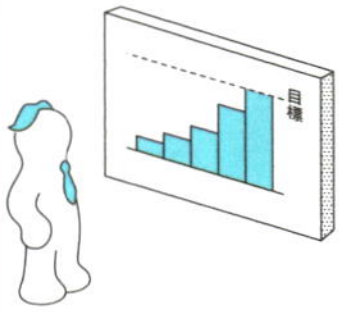

❸ 1on1が形だけのものとなり、リーダーが一方的に話して終わってしまう（メンバーがミーティングを敬遠したり、密室で行われているとき）

こうしたケースでは、OKR運用が変革につながらなくなることが多い

幹部社員向けワークショップ（例）

午前	午後
ビジョン・ミッション考える	**会社OKR・組織OKRを設定する**
・ビジョン・ミッションへのそれぞれの認識を見える化してギャップを把握する ・企業としてのムーンショットを掲げる ・社員のあるべき意識と行動を共有する ・心理的安全性を学ぶ	・OKRとは何かを学ぶ ・会社のOKRを設定する ・会社のKRを担当する組織を決め、組織OKRの方向性を共有する ・OKR運用に必要なマネジメントと1on1を学ぶ

ワークショップ開催の狙いは、OKRを導入する会社や組織の全員がOKRの意図と運用のあるべき姿を認識すること。そのためには、OKRの共通認識を醸成するとともに、OKRの運用方法についての知識を共有することが重要になる

本音のコミュニケーションが信頼につながる

合宿を開催して、組織のOKRを設定し、共有する

OKRの効果的な導入・運用において、ワークショップと同様に有効なのが合宿の開催です。合宿は一般に、ワークショップと比較して、経営層がOKRをより深く理解したり、方針を策定したりするときに実施することが多いようです。具体的には、「OKR導入の意図をコアメンバーで確認する」「組織のOKRを策定（再定義）する」「組織の戦略を検討し、共有する」「OKRの運用方法を見直す」などです。合宿の開催で、何十時間をかけても決まらなかった方針が決まったりなど、重要な場面で有効に機能します。

合宿は、通常の業務時間を使って実施します。そのため、「組織のOKRを年に1回の合宿で策定する」など、開催頻度はそれほど多くなくて構いません。重要なのは、いつもとは違う場所で、時間を区切り、集中して、議題を検討し、その場で決めることです。

オフィスを離れて「この日、この時間は真剣にOKRと向き合う」ことで、メンバーは気持ちを一新し、新たな目で課題に向き合います。合宿では、長時間にわたって場所を同じくすることで、参加者全員の考えを議論のプロセスも含めて共有できるため、意見のすり合わせも容易になります。

経営層やリーダーがOKRの理解を深め、その定着を一段と進める上でも、合宿は非常に有効なツールなのです。

合宿を開催したほうがいいとき

❶ 会社の現状や方向性を確認し、OKR導入の意図をコアメンバーで確認する

❷ 組織のビジョン・ミッション策定（再定義）する

❸ 組織やチームが持つべき戦略を検討し、共有する

OKR運用を意味のある活動にするために必要になる

マネージャー向け運用勉強会合宿（例）

1日目午前	1日目午後	2日目午前
理想のマネジメントを考える ・ライフジャーニーの共有を通じて、マネージャー同士が役職を超え、人としての理解を深める ・心理的安全性を高める ・これからの組織の在り方を学ぶ ・成功する企業のマネジメントを学ぶ ・自分のマネジメントを振り返る	自分を振り返り、改革のヒントを得る ・OKRとは何かを学ぶ ・OKR運用におけるマネージャーの役割を認識する ・1：1の具体的なやり方と注意点を学ぶ	OKRを設定し浸透させる ・組織のOKRを設定し発表する ・組織のOKRのチームメンバーへの浸透方法を考える ・組織のOKRをブラッシュアップする

合宿開催の狙いは、経営層やマネジメント層が中心となって、想定される問題点を抽出しながらOKR運用に適ったマネジメントのあり方を議論し、再定義すること。そのためには、そもそもなぜOKRを導入するのか、また、会社のビジョン・ミッションと個人の自己実現をどのようにすり合わせたらいいかを考えることになる

コラム6

「自分で決める」に慣れる

OKRに慣れていない人が、いきなり「自分で目標を設定してください」と言われても、うまく設定できないことは以前に少し触れました。これを日本人特有の性格が原因であるという人も多いのですが、私は必ずしもそうではない気がします。

たとえば、プロノイア・グループのＰＲ担当である平原さんは、まだ20代ながら、すでに自ら多くの目標を設定し、大量の仕事を回しています。携わっている仕事の量があまりに多いため、週１回の1on1では全部のアジェンダをこなしきれないほどです。

彼女曰く、ここまで大量の仕事を回す原動力になっているのは、彼女自身が「やりたいこと」をはっきり見えてきて、そのために何をすべきかをきちんと把握できるようになったからです。つまり主体的に目標を立てるからこそ、やる気が出て、多くの仕事を回せているのです。

彼女は2018年、SDGs（持続可能な開発目標）に関するユースの国際会議に日本代表として参加し、以来、その推進に注力しています。SDGsに興味を持っている大企業の経営者にも自分からアプローチして、直接会ってプレゼンテーションすることで、協力者を募っているのです。旧来の日本企業では、20代半ばの女性が大企業の経営者に自らアプローチして会って話すなど考えられません。しかし、彼女は実現しているのです。

このように、「自分で決める」ことに最初戸惑っている人も、半年ほど続ければ、次第に慣れて、むしろ積極的に動けるようになるのです。

7

章

なぜいま、日本企業に OKRが必要なのか

なぜいま、日本企業にOKRが求められているのか

▼いま、日本企業に突きつけられている問題は

日本の景気は2016年以降、緩やかに上昇を続け、「戦後最長の景気拡大」だそうです。たしかに、一部の大企業は大幅な黒字を出し、社員の給与も上がっています。しかし、本当に日本の大企業は現在好調なのでしょうか。

僕には、あまりそうは思えません。現在の好景気は、ある意味、過去の蓄積やリストラなどに支えられているからです。そして何より、日本の大企業は近年、革新的な製品やサービスをほとんど生み出せていません。

僕は、その原因の多くが人の問題にあると考えています。たしかに最近は、「働き方改革」が流行っていて、労働時間の削減や業務効率化が叫ばれています。また新卒採用は「超売り手市場」で、人手不足を嘆く声もあちこちで聞かれるでしょう。しかし、日本企業が成長できない理由は、採用難や業務効率性の問題というよりも、人材を活用できていないことにあるのではないでしょうか。

人材を活用できない要因の一つが、日本の大企業には、社内にミッションやビジョンが浸透していないことです。戦後、日本の大企業では、「経営者がミッションやビジョンを強く語る」ということが行われてきませんでした。逆に、経営のビジョン、ミッションを社内の誰でも語れる日本の企業は、スタートアップです。つまり、ミッションやビジョンの浸透が大きな差を生んでいるように思えます。

もう一つの要因は、中間管理職の力不足です。日本人の管理職の多くは残念ながら人材マネジメントの経験やスキル、そしてマインドセットに欠けています。つまり、日本の企業には「良いマネージャー」が少ないのです。これは、個人の素質や経験だけでなく、組織運営の仕組みに起因する問題とも言えるでしょう。たとえば多くの日本企業では、上司が部下に1対1できちんと向き合って話をするのは期末や年末の評価面談のときだけです。部下が毎朝きちんと出社してデスクに向かっていることを確認したり、売上進捗や顧客のトラブルなどを部下から一方的に報告させたりするだけでは、人材マネジメントの経験やスキルなど、身に付くはずがありません。圧倒的にコミュニケーションの機会が欠けているからです。僕はそんな中間管理職を皮肉って「ストームトルーパー」(『スター・ウォーズ』シリーズに登場する銀河帝国軍の機動歩兵)と表現したりします。実際、部下を人として扱っている上司がどれだけいるでしょうか。

多くの企業において経営層は、「社員には自分からイニシアチブを取って積極的に動いてほしいが、なかなかそうならない」と言いますが、中間管理職に人をモチベートさせたり、育てたりする経験やスキルがなければ、それは難しいでしょう。これはある意味、仕組みの問題です。

「スポーツ選手」のような挑戦が求められる時代

現在、日本企業が置かれた状況は、競技スポーツ選手に例えるとわかりやすいかもしれません。

競技スポーツ選手は通常、達成の難しい、手が届かないかもしれない記録に目標を設定します。例えば、「オリンピック出場」「100メートル10秒切る」といった目標です。選手には、こうした「これまでと違うこと」「誰もやっていないこと」に向けての挑戦がつねに課せられます。逆に言えば、こうしたストレッチゴールに向けて選手本人が努力し、モチベーションを維持し続けなくてはなりません。

同様に、現在の日本企業は、中国やインドなどの新興国台頭、国内市場の縮小という市場環境変化のなかで、「これまでと違うこと」「誰もやっていないこと」にチャレンジすることが求められています。「このマーケットだけでやっていく」という方針では成長できなくなり、ストレッチゴールを目指さなくてはならなくなっているのです。

といっても、これまで挑戦に慣れていなかった社員に、「今日から競技スポーツ選手のように新しいこと、これまでと違うことに挑戦するぞ」と言い、闇雲に新規事業を立ち上げたところでうまくいくはずなどありません。見当違いな事業ばかりが立ち上がったり、新規事業をまったく管理できなかったりなど、社内の混乱を招くだけでしょう。日本企業の人事マネジメント手法はルーティーンワークを回すのには向いていても、こうした「挑戦」が求められる仕事には向いていないからです。

これは、これまで挑戦が求められず、また挑戦を実現するための訓練も受けてこなかったからです。それどころか、これまでの日本企業では、「この会社でこんなことをやりたいです」などと話すと、上司に「何を青臭いことを言っているんだ。そんなことはいいから眼の前の仕事をしろ」とやり込められてしまっていたのではないでしょうか。

あるいは、ワンマン社長が「オレの話を聞け、オレに付いてこい、文句は言うな」と絶対権力を振りかざして、部下にほとんど意見を求めずにトップダウンで事業を推し進めてきたかもしれません（このやり方は、東アジアの企業に特に多い気がします）。その結果、挑戦の文化も、スキルや経験も組織に根付いていないのです。

しかし、国内市場が成長している時代ならともかく、今後はこれまでのようなやり方で企業が成長するのは難しいでしょう。これまでと違うこと、誰もやっていないことを事業として進める上で必要なのは、限界に挑む競技スポーツ選手をマネジメントするような仕組みだからです。

僕は、この問題を解決するのがＯＫＲと１ｏｎ１だと考えています。

ここまで解説した通り、ＯＫＲを導入すると、リーダーやメンバーはそれぞれ、組織の大きなビジョンに向かって、部門、チーム、そして個人のレベルで何をやるべきかを自ら考え、設定するようになります。たとえば、グーグルが巨額投資したことで知られるＡＢＥＪＡでは、ボトムアップで、スピード感を持って事業を推進し、戦略的にパフォーマンスを高めるためのツールとしてＯＫＲを導入しました。

そのすり合わせにあたっても必要になるのが、上司と部下の綿密なコミュニケーション、すなわち１ｏｎ１です。１ｏｎ１では、週１回のミーティングで部下がやりたいこと、望んでいることを理解し、その価値観や性格、信念も踏まえて、一緒にＯＫＲを設定します。１ｏｎ１ではまた、「ＯＫＲが適切か、変更・修正が必要か」などをチェックし、その実現を支援します。そのプロセスを通じて、マネジャーは、人をマネジメントし、モチベートし、そして育てるスキルを身に付けるのです。

たとえば、OKRでは「会社が掲げるミッションを実現するために、あなたはどのように貢献したいか」や「あなたは仕事を通じて何をやり、どのように成長したいのか」を自ら語らせます。これは、競技スポーツ選手の優れたコーチが選手自らに自分の目標を設定させるのと同様です。「やりたいこと＝自分の目標」を自ら設定することが、人材を活用する上での原動力となるのです。

▼組織を、社員を、ＯＫＲに馴染ませるには

ただ、日本企業が今日からいきなりOKRを導入したところで、すぐにうまく機能しないと考える人も多いでしょう（本書で紹介した事例企業でも、導入当初は、OKRがきちんと機能していませんでした）。「あなたは何がやりたいですか、あなたの目標は何ですか」と訊ねても、多くの社員はきちんと答えられない、と思うかもしれません。

しかしそうした心配は無用です。トップ自らがコミットし、粘り強く運用していけば、必ず独自のOKR文化が根付いていくはずです。たとえば、OKR企業の代表的存在であるグーグルにも、OKRに慣れない社員は存在します。グーグルには転職してくる人も多く、なかにはOKRを設定したことがない人、KPI的な人材マネジメント手法にしか馴染みのない人も少なくないからです。彼らは入社当初、「自分で目標を決めなさい」と言われてもよくわからず、自らの目標を言語化できません。そのため、OKRの設定内容が漠然としてしまいがちです。

しかしそうしたOKR初心者も、「自分がどのように成長したいのか、何の貢献ができるのかを、

もう少し考えてみてください」と１ｏｎ１を通じて話しかけると、次第にＯＫＲに馴染んでいきます。
そもそもＯＫＲとは、「自らの成長や貢献」を、社員自身に考えさせる仕組みです。そのため、ＯＫＲ新人たちも、考え方に馴染んでくると、パフォーマンスが上がり始めます。「自分のやりたいことを言う」「自分の仕事内容と時間配分を自ら決める」ことは、それだけで発奮材料になるからです。「自らの役割と成長」を考えることが、内発的動機付けとなり、仕事に対するモチベーションが上がるのかもしれません。

ただし、ＯＫＲを組織に定着させるには、１ｏｎ１だけでは不十分です。組織としても相応の努力を払う必要があります。たとえば、ワークショップや研修です。ＯＫＲの運用フェーズにおいて、「ＫＲの達成状況をどのように評価するべきか」「１ｏｎ１をどのように設定し、どのように進めるべきか」などの教育を実施するわけです。

こうした導入・運用を支援する役割は、社内の人事担当者や我々（プロノイア・グループ）のような外部のサービス事業者が担ってもいいでしょう。特に、元グーグルの社員が転職してきたなど、社内にＯＫＲに慣れている人がいれば、ＯＫＲ導入がスムーズに進むようです。実際、グーグルを辞めて独立起業した会社の多くが、人材マネジメントにＯＫＲを利用しています。慣れればそれだけ使い勝手のいい手法と言えるのかもしれません。

なお、最初からＯＫＲをＫＰＩに代わる正しい目標管理の手法としてきちんと導入しようとすると、導入のハードルは高くなってしまうかもしれません。肩の力を抜いて、社内の意思疎通をスムーズにしたり、会社のミッションやビジョンを浸透させたりなど、現場のアイデアを吸い上げたりするコミュニケーション・ツールくらいの位置付けでまずは導入してもいいと思います。

▼ＯＫＲは「これからの日本企業」に必要な手法

導入事例などで見てきた通り、「ＯＫＲ」と一口に言っても、その運用方法は様々です。たとえば、ＯＫＲを人事評価や報酬と連動させるかは、本書で紹介した企業の間でも運用方法がはっきりと分かれています。

仕事の成果がわかりやすく、定量化しやすければ、連動させてもいいでしょう。逆に、仕事の担当範囲がわかりにくく、成果の定量化が難しければ、無理に連動させる必要はありません。重要なのは、働く人から見て、明瞭で納得感があることです（報酬と連動させるのであれば、慎重に導入することをお勧めします。特に導入初期には、評価指標がきちんと定まらないことも多いので、試行錯誤が必要です）。

いずれにせよ、ＯＫＲと１ｏｎ１という人材マネジメント手法は、日本企業に非常に大きな意味を持っていると僕は信じています。それは、ある意味、ＯＫＲと１ｏｎ１の考え方は、日本企業が持っていたボトムアップの企業文化に極めて近いからです。

戦後の高度成長期、日本企業で働く上司と部下は、夜毎、酒を酌み交わしながら、「仕事を通じて会社に貢献したいか」「自分がどのように成長したいか」を率直に語り合っていました。そして、このお酒を介したコミュニケーションが成長の原動力となったのは間違いないでしょう（飲みの場における無礼講は、率直なコミュニケーションにおいて極めて有効です）。つまり、日本の組織には元々、アンオフィシャルな形で、ＯＫＲや１ｏｎ１のような人材マネジメントの仕組みが備わっていたのです。

翻って現在、こうした夜のコミュニケーションは敬遠されるようになり、またオフィシャルな面談の機会が少ないことが、組織の成長を妨げている気がします。しかし、若者のアルコール離れが進む中で、かつてのような飲み会文化を復活させるのもまた現実的ではありません。そこで重要になってくるのが、OKRと1on1なのです。

たしかに、アマゾンのように効率性・生産性を重視したトップダウン型のマネジメントを志向するのであれば、OKRは必要ないかもしれません。ジェフ・ベゾスのような天才的経営者が強力なリーダーシップで組織をぐいぐいと引っ張っていけば、それはある意味、最も効率的なマネジメントです（そうした組織では、OKRはむしろ邪魔ですが、問題は天才経営者がいなくなったとたん、立ちいかなくなりますが……）。

ただ、天才経営者は非常に稀であり、また日本企業にはトップダウン型のアプローチが合わない会社も多いでしょう。つまり、日本の組織とOKRとは本来、極めて相性が良いのです。

最後に、導入にあたって注意していただきたいのは、「その会社らしさをより良く発揮する手段」としてOKRを活用することです。ある意味、OKRは文化であり、「その会社に合った形」で導入・運用する必要があるからです。それさえできれば、単なる「グーグルのものまね」では終わらず、必ずきちんとした成果を残せるでしょう。

おわりに――ＯＫＲはアイディアや素質を尊重してモチベートするツール

ピョートル▼最後までお読みくださったみなさまは、日々、「イノベーティブな企業体質への変革」「優秀な人材の確保」「透明性のある企業運営」に向けて尽力されているのではないでしょうか。それを実現する手段として、ＯＫＲ導入が有効であることをお伝えしようと考え、執筆したのが本書です。

星野▼事例として紹介した企業は、ＯＫＲ導入の背景から、運用方法、活用用途まで、すべて千差万別でしたね。たしかにＯＫＲは、ＫＰＩやＭＢＯに替わる目標管理ツールでもあり、現場社員とマネージャーの間のコミュニケーションツールでもあることがよくわかりました。

ピョートル▼ただ、どの用途で活用しようとも、共通しているのは、社員一人ひとりのアイデアや素質を尊重してモチベートすることです。様々なバックグラウンドを持つ人たちの力をいかに引き出して成長機会につなげられるか、これが今後の日本企業の明暗を分けるということでしょう。

星野▼私たちのプロノイア・グループも少人数ながら、誰一人同じバックグラウンドや志向性を持った社員はいないですね。そしてみんな、それぞれの強みを発揮しながら活躍しています。

ピョートル▼慶應義塾大学のシステムデザインマネジメント学科の研究員でありながらプロノイア・グループに入社した世羅さんは、今はフリーの研究者として活動し、つい先日書籍を出版しました。また、昨年、ＳＤＧｓのダボス会議に若手の日本代表として出席した平原さんは、現在、ＳＤＧｓ普及のために起業しようとしています。

星野▼一見、目の前の業務に直接関係なさそうなバックグラウンドや強みが、意外なところでパフォーマンスを発揮したり、自分じゃ考えも及ばないようなエクストリームな発想をもたらしたりしてくれるんですよね。

ピョートル▼だからこそ、僕は自分と違うように考え、行動する人を敢えて採用するんです（笑）。たまちゃん（星野）は、大手ＩＴ企業からプロノイアへの転職組ですよね。どうですか、入社してみて？

星野▼実は私、前職に勤めていたとき、ピョートルに「あなた、社畜ですね」なんて言われて大ゲンカしたんです。それがいつの間にか、プロノイアに入ることになって……。当時は、自分が何者で、どんな価値を社会にもたらしたいのかなんて忘れていたことを考えると、隔世の感があります。

ピョートル▼自己実現という発想を忘れてしまっているんです。仕事に慣れてきて、自分では会社のために誇りを持って働いている、だから間違っていないと信じて疑わない。それが、日本企業で働いている多くの人が抱える現状です。会社側も、効率的に成果を求める時代が長く続いたためか、自己実現を支援しようとは考えない。しかし本来、社員が会社という舞台で自己実現すれば、必ず会社にもメリットがあります。そこに学びがあればね。

星野▼一見愚かなアイデアでも、人はチャレンジすればワクワクするんですよね。思いがけない力が出てきます。

ピョートル▼最近、また何か、面白いことを始めたみたいですね。

星野▼実は実験的に「スナックたまえ」という事業をスタートしました。スナックとは、あくまで比喩で、昭和世代が集い、ママも常連客もフラットな関係で自己開示できる、いわばメンタリング環境を作っています。昭和世代にこそ、若い頃に抱いていたキラキラした夢をもう一度取り戻してほしいという思いからです。

ピョートル▼最初のお客さんは、総務省だったみたいですね。その後も、噂を聞きつけた企業や自治体の方から声がかかっているようで何よりです。5月には、「シリコンバレーよりも最先端」と言われるほど、世界中から熱い視線を浴びているＩＴ国家、エストニア共和国でも開催してみたいで……。

星野▼リアルな店舗はないので、「ボトル入れるよ」なんて言ってくださる方もいるのですが、丁重にお断りしています（笑）。スナック構想のきっかけになったのは、サラリーマン時代にお世話になっていた方がまもなく定年退職を迎えるタイミングで話を聞いたことでした。その方、以前はバリバリのＳＥだったのですが、「定年迎えたら、学校帰りの地域の子供の見守りおじさんになりたいんだよね。昔っから子供が好きで、そんな仕事したかったんだ」と言うのです。

ピョートル▼好きなら、見返りなんて考えず、とことん社会に貢献できます。自分らしく社会と接点を持てる仕事はいいですね。

星野▼人生１００年時代と言われますが、キャリアチェンジのきっかけってなかなか掴みづらいのではないでしょうか。私自身の転職経験も活かして、そんなきっかけを少しでも作れればと思って地道に取り組んでいます。

ピョートル▼僕は冷戦時代のポーランドに生まれ、田舎の小さな村で育ちました。配給される食糧を求めて街のストアに並んだり、旧ソビエト兵からカラシニコフ小銃で頭を殴られたり、それは過酷な少年時代でした。いつかそのスパイラルを断ち、世界を自由に渡ってみたいという想いが今の自分を作っています。未来は予見できないけど、創造はできるんです。

星野▼まさに未来創造ですね。その想いに共感する若い世代がプロノイアには集まってきてくれてます。ミレニアル世代はもちろん、その次の世代であるジェネレーションＺ（２０００年～２０１０年に生まれたデジタルネイティブ世代）もです。この世代は社会貢献に対する意識が非常に強いのが特徴だと思います。

ピョートル▼これからはビジネスにおいても社会問題を起点にした価値提供がますます重要になってくるでしょう。だからこそ、若い世代が持つ発想や世界観に経営者は真摯に向き合い、彼らの声を聞きながらマネジメントしなくてはならないと思います。

星野▼その意味で、OKRや1on1は、そうした経営スタンスやマネジメント力を企業に組み込み、定着させる支援ツールのような存在かもしれませんね。いくら頭でわかっていても、きちんと時間を作って部下と向き合い、丁寧に会話するのって実は容易じゃないので……。OKRを導入すれば、自然と決められたタイムスパンのなかで社員の目標を可視化し、定例の1on1を通じて建設的なフィードバックを与えられます。

ピョートル▼必ずしも、型通りにOKRや1on1を運用する必要はないと思います。手始めにどこからできるか考えて、本書の要素を少しずつ試してみてもいいでしょう。きっとコミュニケーションの流れが変わったり、社員同士が互いに興味を抱くようになったり、と変化が現れるはずです。その上で、マネージャーの方にはぜひ、こんな会話を部下としてみましょう。

人生を変える質問

❶あなたは仕事を通じて何を得たいか？
❷なぜ、それを得ることが大切なのか？（答えに対して、さらに「なぜ」を3回問う）
❸何をもって「いい仕事をした」と言えるか？
❹どうして今の仕事を選んだ（選んでいる）のか？
❺去年の仕事は、今年の仕事にどうつながっているか？
❻あなたの一番の強みは何か？
❼私（たち）はあなたをどう支援できるか？

「何を食べた？」「どこに行った？」といったよくある日常会話との違いに気付かれるでしょうか。「何を食べた？＝食べ物への関心」「どこへ行った？＝場所への関心」であるのに対して、この7つの問いはすべて、「相手の価値観」を引き出す質問なんです。僕は前者を「時間を無駄にする質問」、後者を「人生を変える質問」と呼んでいます。

星野▼1on1をはじめたものの、部下とどんな会話をしたらいいかわからず、結局だらだらと近況報告を聞いて終っているケースもよく聞きます。会話に困ったら、ぜひ、これらの問いを投げかけてください。

ピョートル▼人は自分に興味を持ってくれる人に心を開きます。ですから、相手に向き合い、その人の本質に迫る会話をすれば、喜んで話してくれるはずです。

「Uncomfortably exited」という言葉があります。グーグル創業者のラリー・ペイジがスピーチの際に語ったフレーズですが、直訳すれば「不快な興奮」。つまり、変革にはワクワク感と共に不快さや不安定さなどの感情がつねにつきまとうという意味です。これからOKR導入しようとする企業には、必ずこの段階が訪れるでしょう。慣れ親しんだやり方や、正しいと信じてやってきたことを脱ぎ捨てて新しいことに挑むので当然です。こうした不快さや不安定さは、そこに変革の兆しがあるから生じている、ある意味で正常な反応なのだ、と捉えてください。そしてこの段階の先にこそ、真にイノベーティブな企業体質への変革が待っています。なお、組織やチームのマネジメントに関しては、拙書『世界最高のチーム』(朝日新聞出版)『日本人の知らない会議の鉄則』(ダイヤモンド社)も手にとっていただければ嬉しいです。みなさまの企業、そして日本経済の飛躍的な成長を願ってやみません。

本書の執筆にあたり、多大なご支援をいただきました、小橋工業株式会社 小橋正次郎さん、Ｈａｍｅｅ株式会社 豊田佳生さん、Ｓａｎｓａｎ株式会社 大間佑太さん、長倉紀子さん、株式会社

メルカリ　濱田優貴さん、株式会社ユーザベース　松井しのぶさん、山田聖裕さん、株式会社ＦＯＲＣＡＳならびに株式会社ジャパンベンチャーリサーチ　佐久間衡さんに心より感謝申し上げます。

また、編集にご協力をいただきました、川畑英毅さん、中村理さん、折田智美さん、熊倉由実さん、世羅侑未さん、平原依文さん、ありがとうございました。

２０１９年4月　ピョートル・フェリクス・グジバチ

星野　珠枝

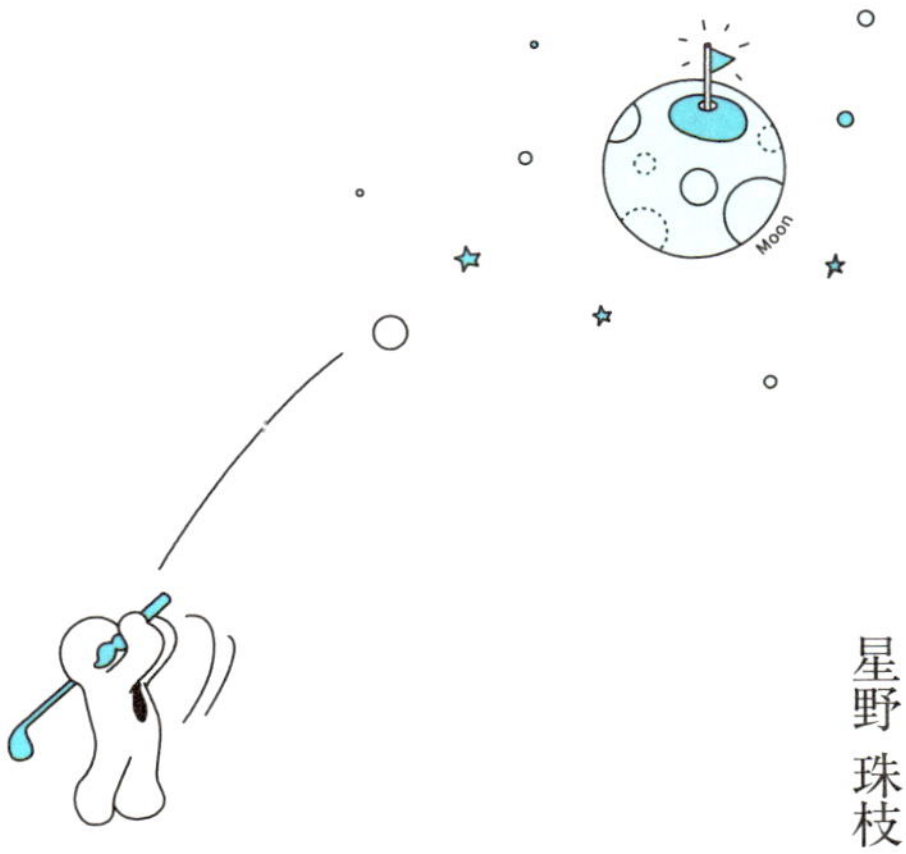

Example1：
化粧品会社Aの「カンパニーOKR」と「チームOKR」の例

【カンパニーOKR】

Objective：

店舗数を20％増やす

Key Results：

- ▶3月までに新たなフランチャイズ候補を40店舗を決める
- ▶そのうち30店舗を6月までにトレーニング
- ▶そのうち25店舗と9月までに契約
- ▶12月までに20店舗をオープンさせる

【人事チームのOKR】

Objective：

3月までに新たなフランチャイズ候補を40店舗選定する

Key Results：

- ▶1月までに500枚の履歴書を受け取る
- ▶2月までに60名の面談候補者を決める
- ▶3月までに40名の面談者を決める

【店舗トレーニングチームのOKR】

Objective：

30店舗を6月までにトレーニング

Key Results：

- ▶4月までに新たな資料とPPTを作成
- ▶5月までに1ヶ月の研修を実施
- ▶6月までに研修修了者のうちから30名以上を選出

【法務チームのOKR】

Objective：

25店舗と9月までに契約

Key Results：

- ▶7月までに必要書類を調達
- ▶8月までに契約書ドラフトを送付
- ▶9月までに25以上の契約を締結

【オペレーションチームのOKR】

Objective：

12月までに20店舗をオープンさせる

Key Results：

▶9月までに25店舗それぞれの拠点を見つける

▶10月までに店舗のリノベーションを実施

▶12月までに最低20店舗をオープン（クリスマスまで!）

Example2：
化粧品会社Bの「カンパニーOKR」と「チームOKR」の例

【カンパニーOKR】

Objective：

利益を10%増やす

Key Results：

▶リバースオークション導入により10%価格を下げる

▶店舗への配送業務をアウトソースし、25%の配送料をコストカットする

▶バレンタインデー、父の日、母の日に期間限定キャンペーンを実施し、売上を去年の2倍にする

【ITチームのOKR】

Objective：

リバースオークション導入により10%価格を下げる

Key Results：

▶3月までにシステム導入

▶4月までにテストとインテグレーション

▶6月末までに新リバースオークションシステムを始動

【ロジスティクスチームのOKR】

Objective：

店舗への配送業務をアウトソースして25%配送料のコストカット

Key Results：

▶2月までに自社トラックをすべて売る

▶3月までにサプライヤを探しオファー

▶3月中にアウトソーシング実現

【マーケティングチームのOKR】

Objective：

▶バレンタインデー、父の日、母の日に期間限定キャンペーンを実施し、売上を去年の2倍にする

Key Results：

▶1月までにエージェンシーに提案書を送る
▶3月までにキャンペーン戦略を練る
▶バレンタインデー、父の日、母の日に実施

【財務チームのOKR】

Objective:

Key Results:

▶期間限定キャンペーン中の売上を去年比の2倍に
▶手配にかかるコストを25%カット
▶10%の価格引き下げを実現

◎Example3：
カンパニーOKRの例

【グローバル企業のOKR】

OBJECTIVE：

海外事業の成長

Key Results:

▶グローバル事業における売上$100m達成
▶ヨーロッパ、中東およびアフリカ地域で毎年100%成長
▶より高値のサービスを売り、取引平均額を30%向上
▶カスタマーサービスを向上させ、解約率を毎年5%減らす

【B2B企業のOKR】

OBJECTIVE：

顧客を喜せる

Key Results:

▶1ヶ月に20以上の顧客にヒアリングを実施し、フィードバックを得る
▶顧客からのNPSスコア9を達成
▶顧客維持率を98%に向上
▶WAU 80%のプロダクトエンゲージメントを達成

Example4：
マーケチームのOKRの例

【販促チームのOKR】

OBJECTIVE1：

MQLをさらに増加させる

Key Results：

▶Eメールマーケティングによる 150 MQLを創出
▶アドワーズによる100 MQLを創出
▶オーガニックサーチによる50 MQLsを創出

OBJECTIVE2：

顧客獲得率を最大化する

Key Results：

▶マーケティングオートメーションプロセスの改善
▶顧客獲得コストを3クオーター以内に20%カット
▶ROIを分析する、新たなトップダウン&ボトムアップExcelモデルの作成

【ONLINEマーケチームのOKR】

OBJECTIVE1：

ウェブサイト改良によりコンバージョン率を上げる

Key Results:

▶ウェブ訪問者を毎月7%増やす
▶ランディングページでコンバージョン率を2クオーター以内に10%高める

OBJECTIVE2：

PPCキャンペーンの改良

Key Results：

▶Googleアドワーズによる150 MQL創出
▶CPLを$4以下に抑える
▶CTRを2%向上

【コンテンツマーケチームのOKR】

OBJECTIVE1：

マンスリーニュースレターを始動

Key Results：

▶最初のクオーターで3通のニュースレターを配信
▶毎月1通以上のニュースレターを配信
▶ニュースレターで3%以上のCTRを獲得

OBJECTIVE2：

ブログ戦略の改良

Key Results：

▶ 3クオーターで50記事を配信

▶ 各分野の専門家から5つ以上のVIPインタビュー取材を実施

▶ 5,000人の購読者を獲得

【PRチームのOKR】

OBJECTIVE1：

ブランド知名度の向上

Key Results：

▶ 最初のクオーター以内に30以上のメディアから取材を受ける

▶ 各分野のインフルエンサーと15以上ミーティングする

▶ 毎年のカンファレンスで2名以上が登壇

OBJECTIVE2：

リサーチ会社であるForrester、Gartnerと強いつながりを築く

Key Results：

▶ 最初のクオーター以内に2通のレポートを書く

▶ レポートを申請する

▶ レポート内容について自社のウェビナーで2回特集を打つ

▶ アナリスト2名以上に新商品を紹介する

【プロダクトマーケチームのOKR】

OBJECTIVE：

新商品 ローンチ成功

Key Results：

▶ 商品ウェブサイトを完成

▶ PRと協力して商品の機能性をプロモーション

▶ 顧客、パートナーへの特別先行販売を実施

Example5：
営業・営業管理チームのOKRの例

【営業チームのOKR】

OBJECTIVE1：

新たな販売パイプラインの整備

Key Results：

▶ $12M以上のインフローを作る
▶ 販売パイプラインをノルマの5倍、勝率を倍にする
▶ 毎週7商品のデモンストレーションを実施

OBJECTIVE2：
グローバルクラス営業体制を整備
Key Results：
▶ 1月中に10名のアカウントエグゼクティブを採用
▶ 1月中にインサイドセールス20名を採用
▶ 1月中にセールスマネジャー5名を採用
▶ 面接人数と採用人数割合を4:1に保つ

【営業管理チームのOKR】
OBJECTIVE1：
メインの販売地域における営業を強化
Key Results：
▶ 新たに50社以上とネットワークを構築
▶ その地域に特化した代理店を10社以上増やす
▶ アカウントエグゼクティブによる売上120%を達成

OBJECTIVE2：
南米地域における営業を強化
Key Results：
▶ 南米地域において新たな顧客を30社獲得
▶ 南米チームに新たな営業トレーニングプログラムを実施
▶ 影響力のある顧客から5つ星レビューを獲得

Example6：
人事チームのOKRの例
【育成チームのOKR】
OBJECTIVE1：
最高の企業文化をつくりあげる
Key Results：
▶ 社員同士の相互フィードバックの仕組みを構築する
▶ OKRを通じて部署ごとの責任範囲を明確にする
▶ 週ごとに調査するエンゲージメントスコア（10段階）を8以上にする
▶ 小さな成功や進歩を毎週必ず褒める習慣を付ける
▶ 社長や役員とどんなことでもオープンにQ&Aができるセッションを毎月開催

OBJECTIVE2：

社員のエンゲージメントと満足度を向上させる

Key Results：

▶社内の全マネージャーが部下と相互にフィードバックするようにする

▶毎週エンゲージメント調査を実施する

▶エンゲージメントを高める明確なゴールと期待を示す

【採用チームのOKR】

OBJECTIVE1：

即戦力人材を採用しチーム力を向上させる

Key Results：

▶外部の即戦力人材を会社に紹介した社員に（本人が採用された場合）$500の報酬を与える

▶人手が足りない5部署のために今期中に社員25名を新たに採用する

▶内定者に、会社の採用面接プロセスについてヒアリングしフィードバックをもらう

▶面接者総数における採用率を4:1に保つ

OBJECTIVE2：

社員定着率を改善する

Key Results：

▶社員同士が相互フィードバックする仕組みをつくり、パフォーマンスマネジメントの質を高める

▶週ごとに調査するエンゲージメントスコア（10段階）を8以上にする

▶「どうすれば会社をよりよくできるか」について、全社員に毎月調査を実施する

Example7：開発チームのOKRの例

【エンジニアリングチームのOKR】

OBJECTIVE1：

新商品のアーキテクチャを設計する

Key Results：

▶商品Aの開発チームをつくる

▶品質管理部とともに5回のテストを実施

▶データベースのアップデート、マイグレーションを実施

OBJECTIVE2：

グローバルで戦える開発チームをつくる

Key Results：

▶ 外部の即戦力人材を会社に紹介した社員に（本人が採用された場合）$500の報酬を与える

▶ 2クオーター以内に、外部から高い評判を得ているエンジニアを5名採用する

▶ 面接者総数における採用率を4:1に保つ

【SEチームのOKR】

OBJECTIVE1：

Eメール配信システムを改良する

Key Results：

▶ 新しいリファクタリング 計画を立てる

▶ 新しいシステム わかりやすい取扱説明書を全社員に送る

OBJECTIVE2：

製品ベータ版の質を向上させる

Key Results：

▶ 既存顧客の10%以上に試してもらう

▶ 7点以上のNPSスコアを獲得する

【企画チームのOKR】

OBJECTIVE1：

新商品のローンチを成功させる

Key Results：

▶ 30人以上の潜在ユーザーに新商品に関するインタビューを実施する

▶ ECサイトに掲載されているユーザーレビューを100以上まとめて、社内で共有する

▶ 自社のマーケティング担当、営業担当向けの商品説明会を2回以上開催する

▶ プロダクトマーケチームに対して、商品の機能説明について助言する

OBJECTIVE2：

新商品の開発・改良戦略を実行する

Key Results：

▶ 50名の潜在顧客にインタビューし、フィードバックを得る

▶ 20名の潜在顧客から、UXモックアップに対するコメントをもらい、最終的に10段階中8以上の評価を得る

▶ UXモックアップの改善点を5つ以上明確にする

▶ 社内の営業チームからの商品評価が10段階中10にする

■執筆協力　川畑英毅
■カバー・本文デザイン　上田宏志／ゼブラ
■イラストレーション　若田紗希
■DTP・図版作成　西嶋 正

成長企業はなぜ、OKRを使うのか？

2019年7月10日 初版第1刷発行

監　修　プロノイア・グループ
著　者　ピョートル・フェリクス・グジバチ
発行人　片柳 秀夫
編集人　三浦 聡
発行所　ソシム株式会社
http://www.socym.co.jp/
〒101-0064 東京都千代田区神田猿楽町 1-5-15　猿楽町SSビル3F
TEL　03-5217-2400（代表）
FAX　03-5217-2420
印刷・製本 株式会社暁印刷

定価はカバーに表示してあります。

落丁・乱丁は弊社編集部までお送りください。送料弊社負担にてお取り替えいたします。

ISBN978-4-8026-1198-5